# 土地家屋調査士

令和5年度 **本試験問題と解説 ＆口述試験対策集**

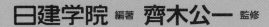

日建学院 編著 **齊木公一** 監修

建築資料研究社

# はしがき

令和 5 年 10 月 15 日、土地家屋調査士筆記試験が実施されました。

筆記試験の合格発表は令和 6 年 1 月 10 日に予定されていますが、例年、この合格発表日までの過ごし方について頭を悩ませる受験生も少なくないようです。

しかし、最終合格が確定していない時点においてやらなければならないことはたくさんあるはずです。その筆頭に挙げられるのは本年度本試験問題の分析・復習であり、また、口述試験対策です。

本試験問題の分析・復習については、本試験日からなるべく期間を置かずに実施することで、高い学習効果を見込むことができます。

口述試験対策については、より早い時期から検討や受け答えの訓練をはじめることで近年の難化傾向に対応することができるようになるはずです。

本書はこれらの目的を果たすため、本試験問題、当学院の分析による総評、予想模範解答及びその解説、そして、口述試験対策用の資料を一冊にまとめたものです。

ひとりでも多くの受験生が本書を活用され、土地家屋調査士試験の最終合格を果たされることを心より祈念申し上げております。

2023 年 12 月

日建学院

# 目　次

Contents

## 本試験　問題編

## 本試験　解答・解説編

## 口述試験対策編

# 令和5年度　土地家屋調査士 筆記試験講評

〔総　評〕
　全体を通じて、幅広い法的知識を基礎とした出題がされており、また、状況の見極め、依頼人の希望の読み取り、手続の判断力等、土地家屋調査士としての知見を要求された問題であった。例年に比し、初見のテーマが多く出題されていることから、全体として易しいとは言えない内容であったが、正解に辿り着けない問題ばかりではないので、得点できる問題を確実に得点することが合格の条件となろう。


○　択一式問題について
　出題構成は、民法から3問、不動産登記法関連から16問、土地家屋調査士法から1問となっており、例年どおり。出題形式についても、組合せ型が20問全てとなっており、例年どおり流れを踏襲。内容面に関しては、分野としては真新しい出題はないものの、初見のテーマを盛り込んだ肢が各問に散見され、その点を踏まえた対応で正解を積み上げる必要があったといえよう。


○　記述式問題について
**土地（第21問）**
　大要としては、依頼人の希望をしっかりと読み取り、それに応えていく手続を判断していく問題。その前提となる現況の認識や登記調査の理解が試された問題であった。未知点の算出については、それほど負荷がかけられていたものではないが、筆界の判断において、計算作業が必要になっていた点において、一定の作業量は必要とされていたといえよう。


**建物（第22問）**
　区分建物として登記されている建物を非区分建物とすることが主なテーマとされていた問題であった。これに付随する法的知識を試す小問が設定され、区分建物の登記手続に関する幅広い周辺知識が試されていた。申請書の作成においては、基礎となる知識を土台に自ら思考し、妥当な記載内容とする高度な能力を要求されていた。

# 本書の構成と利用法

## 本試験 問題編

**第1問** 無効及び取消しに関する次のアからオまでの記述のうち、正しいものの組合せは、後記1から5までのうち、どれか。

ア 買主が売買契約を締結した当初に意思能力を有しなかったために当該契約が無効とされる場合には、売主は、買主に対し、当該契約に基づく目的物の引渡義務を負わない。

イ 売買契約が虚偽表示により無効である場合において、売主及び買主がそれぞれ無効であることを知って追認したときは、当該契約は、初めから有効であったものとみなされる。

ウ 買主が強迫を理由として売買契約を取り消したときは、当該契約は、初めから無効であったものとみなされる。

エ 未成年者が法定代理人の同意を得なければすることができない契約をその同意を得ることなく締結した場合において、当該法定代理人が当該契約を追認したときであっても、当該未成年者本人は、法定の期間内に相手方に対して意思表示をすることにより、当該契約を取り消すことができる。

オ 取消権は、無効の原因となっていた状況が消滅し、かつ、取消権者が取消権を有することを知った時から起算して、時効によって消滅することはない。

1 アイ　2 アウ　3 イエ　4 ウオ　5 エオ

**第2問** 物権的請求権に関する次のアからオまでの記述のうち、判例の趣旨に照らし正しいものの組合せは、後記1から5までのうち、どれか。

ア AがB土地の所有者B市B土地を売主とする場合において、AB間の売買契約上、甲土地の所有権の移転が将来される特約がないときは、Aは、当該契約締結後直ちに、Bに対して所有権に基づき甲土地の引渡しを請求することができない。

イ AがB土地について、Bからへへの所有権の移転の登記がされていないときは、Aは、甲土地を占有する無権利者に対して甲土地の明渡しを請求することができない。

ウ Aが甲土地を所有し、その旨の登記がされている場合において、無権利者Bが甲…

**第21問** 土地家屋調査士法務新太は、次の〔調査図素図〕に示すA市B町二丁目1番1の土地（以下「甲土地」という。）、同1番2の土地（以下「乙土地」といい、甲土地と合わせて「本件各土地」という。）の所有者である河野桂子から、本件各土地の表示に関する登記の相談を受け、【土地家屋調査士法務新太による聴取結果の概要】のとおり事情を聴取するとともに、本件各土地について必要となる表示に関する登記の申請手続についての代理権行為を締結し当該登記に必要な調査及び測量の依頼を受け、【土地家屋調査士法務新太による調査及び測量の結果の概要】のとおり必要となる表示に関する登記の申請を行った。

以上に基づき、次の問1から問5までに答えなさい。

（注）1 B点は、A点とC点を結ぶ直線上にある。
2 H点は、G点とI点を結ぶ直線上にある。
3 I点は、A点とI点を結ぶ直線上にある。

〔調査図素図〕

問1 次の文は、土地家屋調査士法務新太が、【土地家屋調査士法務新太による聴取結果の概要】及び【土地家屋調査士法務新太による調査及び測量の結果の概要】を踏まえて、〔調査図素図〕における乙土地に係るイ地点の筆界点及びロ地点の筆界点を判断するに当たって検討した事項である。（ア）から（エ）までに入る文言を第21問答案用紙の第1欄に記載しなさい。なお、（ウ）には「F点」又は「G点」の文言が入り、（エ）には「I点」又は「J点」の文言が入る。

地積測量図とは、（ア）の土地の地積に関する（イ）の結果を明らかにする図面であって、法務省令で定めるところにより作成されるものを不動産登記規則において、地積測量図には、筆界の点間距離を記録することとなっている。

**土地家屋調査士法務新太による調査及び測量の結果の概要**から、C点から○○までの点間距離がA点から（エ）までの点間距離を算

> 本試験の雰囲気を体感していただくため、書体や体裁を極力本試験に近い形式で問題を再現しました。

## 本試験 解答・解説編

### 【択一式（第1～20問）】

> 難易度を3段階で示しています。学習の参考指標にしてください。
>
> ★★★：難易度　高
> ★★☆：難易度　中
> ★☆☆：難易度　低

> 詳細かつシステマティックな解説で、着実な理解の定着と論理的思考力を養ってください。

# 【記述式（第21、22問）】

composition & usage

## 模範解答（記述式 第22問）

第1欄

| ア | 合併 | イ | 構造上の独立性 |
|---|---|---|---|
| ウ | 合体 | エ | 権利 |
| オ | 接続 | | |

第2欄

### 登記申請書

| 登記の目的 | 区分建物表題部変更、合併登記 |
|---|---|
| 添付書類 | 建物図面 各階平面図 登記識別情報 印鑑証明書 所有権証明書 代理権限証書 |
| | 令和5年10月12日申請 A地方法務局 |
| 申請人 | A市B町一丁目3番地9 甲田栄一 |
| 代理人 | （略） |
| 登録免許税 | 金1,000円 |

| 一様の建物の表示 | 所在 | A市B町一丁目3番地9 | | | |
|---|---|---|---|---|---|
| | 建物の名称 | | | | |
| | ①構造 | ②床面積 ㎡ | ㎡ | 原因及びその日付 |
| | 軽量鉄骨造 陸屋根2階建 | 1階 83 62 2階 73 99 | | |

令和5年度本試験 解答・解説編 83

> 自分の作成した答案と比べて、どこが違うか、チェックしてください。

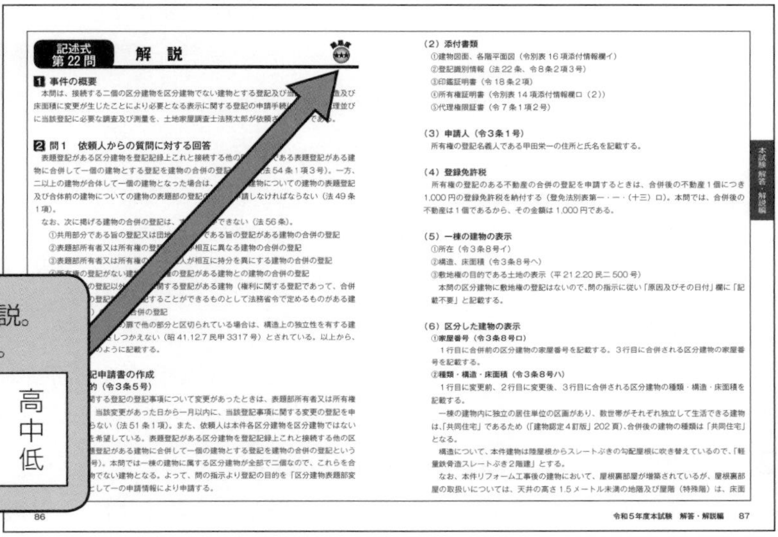

## 解説（記述式 第22問）

**1 事件の概要**

**2 問1 依頼人からの質問に対する回答**

**記登申請書の作成**

（以下、解説本文 — 一部画像に隠れて判読不能）

> 小問一つ一つについて詳細に解説。難易度を3段階で示しています。
>
> ★★★：難易度 高
> ★★☆：難易度 中
> ★☆☆：難易度 低

**（2）添付書類**
①建物図面、各階平面図（令別表16項添付情報欄イ）
②登記識別情報（法22条、令8条2項3号）
③印鑑証明書（令18条2項）
④所有権証明（令別表14項添付情報欄ロ（2））
⑤代理権限証（令7条1項2号）

**（3）申請人（令第1号）**
所有権の登記名義人である甲田栄一の住所と氏名を記載する。

**（4）登録免許税**
所有権の登記のある不動産の合併の登記を申請するときは、合併後の不動産1個につき1,000円の登録免許税を納付する（登免法別表一一・（十三）ロ）。本問では、合併後の不動産は1個であるから、その金額は1,000円である。

**（5）一様の建物の表示**
①所在（令3条8号ロ）
②構造、床面積（令3条8号へ）
③敷地権である土地の表示（平212.20民二500号）
本件の区分建物に敷地権の登記はないので、問の指示に従い「原因及びその日付」欄に「記載不要」と記載する。

**（6）区分した建物の表示**
①家屋番号（令3条8号ロ）
1行目に合併後の区分建物の家屋番号を記載する。3行目に合併される区分建物の家屋番号を記載する。
②種類・構造・床面積（令3条8号ハ）
1行目に変更前、2行目に変更後、3行目に合併される区分建物の種類・構造・床面積を記載する。
一様の建物に独立の居住単位の区画があり、数世帯がそれぞれ独立して生活できる建物は「共同住宅」であるため（『建物認定4訂版』202頁）、合併後の建物の種類は「共同住宅」となる。
構造について、本件建物は陸屋根からスレートぶきの勾配屋根に吹き替えられているので、「軽量鉄骨造スレートぶき2階建」とする。
なお、本件リフォーム工事の建物において、屋根裏部屋が増築されているが、屋根裏部屋の取扱いについては、天井の高さ1.5メートル未満の地階及び屋階（特殊階）では、床面

令和5年度本試験 解答・解説編 87

86

## 口述試験対策編

### Chapter 5 土地家屋調査士法の注意項目

土地家屋調査士の対策としては、解答にあたって条文・規則の理解が不可欠となります。そのため、ここでは既に出題された論点及びその周辺知識と、解答に必要となる条文・規則等を対照させる形式で検討をしています。なお、土地家屋調査士になったときの心構えについては、頻出の質問事項ですので、あらかじめ自分なりの解答を準備しておきましょう。

| 質問 | 条文・規則 |
|---|---|
| 土地家屋調査士の使命について述べてください。 | 土地家屋調査士は、不動産の表示に関する登記及び土地の筆界を明らかにする業務の専門家として、不動産に関する権利の明確化に寄与し、もって国民生活の安定と向上に資することを使命とします（調査士法1条）。 |
| 土地家屋調査士法2条の職責を述べてください。 | 土地家屋調査士は、常に品位を保持し、業務に関する法令及び実務に精通して、公正かつ誠実にその業務を行わなければなりません（調査士法2条）。 |
| 土地家屋調査士の業務の主なものを3つ答えてください。 | 1 不動産の表示に関する登記について必要な土地又は家屋に関する調査又は測量 2 不動産の表示に関する登記の申請手続又はこれに関する審査請求の手続についての代理 3 筆界特定の手続（調査士法3条1項各号参照） |
| 貴方が土地家屋調査士となるために必要となる登録を行う団体はどこですか。 | 日本土地家屋調査士会連合会です（調査士法8条）。 |
| それには、土地家屋調査士になるための具体的な登録手続はどのように行いますか。 | 登録を受けようとする者は、その事務所を設けようとする地を管轄する法務局又は地方法務局の管轄区域内に設立された土地家屋調査士会を経由して、日本土地家屋調査士会連合会に登録申請書を提出しなければいけません（調査士法9条1項）。また、この登録の申請と同時に、申請を経由すべき調査士会に入会する手続をとらなければなりません（調査士法52条1項）。 |
| 土地家屋調査士業務を行う上で、業務の依頼を断ることはできますか。 | 土地家屋調査士は、原則として正当な事由がある場合でなければ依頼を拒むことはできません（調査士法22条）。ただし、筆界特定の手続の代理業務及び筆界特定に関する相談業務並びに民間紛争解決手続代理関係業務に関する依頼については、除かれます（調査士法22条かっこ書）。 |

| 質問 | 条文・規則 |
|---|---|
| 土地家屋調査士が土地家屋調査士法又はこの法律に基づく命令に違反したとき、法務大臣は、懲戒処分をすることができますが、その内容はどのようなものでしょうか。 | 戒告、2年以内の業務の停止、業務の禁止があります（調査士法42条они号）。 |
| 業務の禁止がなされた場合の効力について答えてください。 | 業務の禁止の処分を受けた者は、その登録が取り消され、その処分の日から3年間は調査士となる資格を有しないことになります（調査士法15条1項4号、5号）。 |
| 公共嘱託登記土地家屋調査士協会の設立の目的について述べてください。 | 公共嘱託登記土地家屋調査士協会は、社員である土地家屋調査士及び土地家屋調査士法人がその専門的能力を結合して官庁、公署その他政令で定める公共の利益となる事業を行う者による不動産の表示に関する登記に必要な調査若しくは測量又はその登記の嘱託若しくは申請の適正かつ迅速な実施に寄与することを目的としています（調査士法63条1項柱書）。 |
| 土地家屋調査士が虚偽の調査又は測量をした場合に科される罰則を答えてください。 | 1年以下の懲役又は100万円以下の罰金に処すると規定されています（調査士法71条、23条）。 |
| 調査士法人の社員は、調査士に限られますか。 | はい。調査士法人の社員は、調査士でなければならないとされています（調査士法28条1項）。 |
| 調査士が調査士法人の社員となった時に、してはいけなくなるものをお答えください。 | 調査士法人の社員は、自己若しくは第三者のためにその調査士法人の業務の範囲に属する業務を行い、又は他の調査士法人の社員となってはいけません（調査士法37条1項）。 |
| 調査士法人が、主たる事務所のほかに従たる事務所を設置した場合、それぞれの事務所の所在地を管轄する調査士会の会員である調査士を常駐させなければいけませんか。 | はい。調査士法人は、主たる事務所又は従たる事務所に、当該事務所の所在地を管轄する法務局又は地方法務局の管轄区域内に設立された調査士会の会員である社員を常駐させなければならず、常駐させなければ、従たる事務所の所在地を管轄する調査士会の会員である調査士を常駐させなければなりません（調査士法37条）。 |
| 土地家屋調査士は、自己の業務を他人に委託することができますか。 | いいえ。調査士は他人に自己の業務を取らせてはいけません（調査士法22条）。 |

110

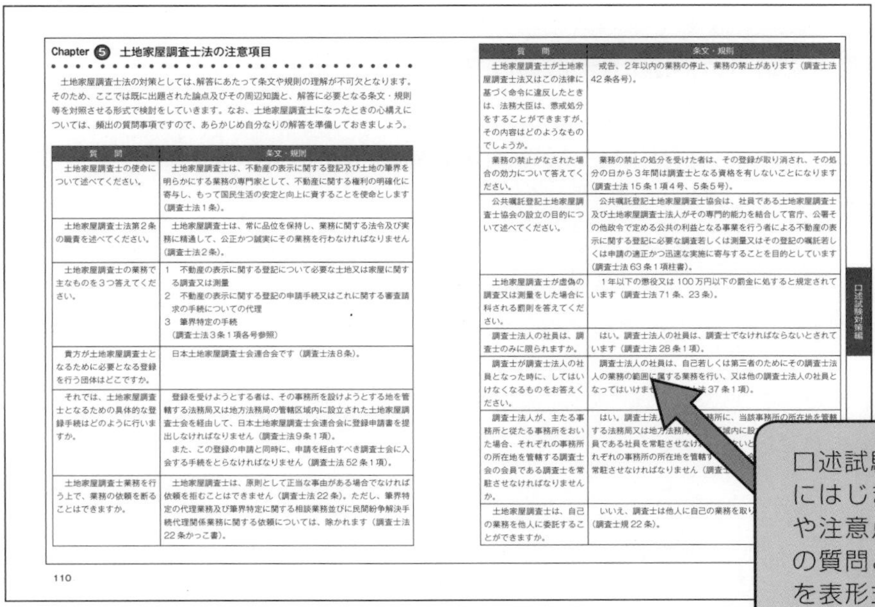

> 口述試験の位置づけ及び定義にはじまり、試験当日の服装や注意点をまとめ、項目ごとの質問とそれに対する解答例を表形式で見やすくまとめました。

# 凡　例

## 1.　法令名等の略記

　本書の法令名等については、以下のように一部略称を用いて表記している場合があります。

　　＊法 ………………………………………… 不動産登記法

　　＊令 ………………………………………… 不動産登記令

　　＊規 ………………………………………… 不動産登記規則

　　＊準 ………………………………………… 不動産登記事務取扱手続準則

　　＊旧法 …………………………………… 改正前の不動産登記法

　　＊民 ………………………………………… 民法

　　＊区分法 ………………………………… 建物の区分所有等に関する法律

　　＊登免法 ………………………………… 登録免許税法

　　＊区画法 ………………………………… 土地区画整理法

　　＊調査士法 ……………………………… 土地家屋調査士法

　　＊調査士規 ……………………………… 土地家屋調査士法施行規則

## 2.　判例、先例・通達・回答の略記

　　＊最判昭 48. 6. 28 ……………………… 昭和 48 年 6 月 28 日最高裁判決

　　＊平 17. 2. 25 民二 457 号 …………… 平成 17 年 2 月 25 日法務省民事二第 457 号

## 3.　参考図書

　　＊「表示登記教材　地目認定（改訂版）」一般財団法人民事法務協会、
　　　平成 18 年 11 月発行

　　＊「表示登記教材　建物認定（３訂版）」一般財団法人民事法務協会、
　　　平成 20 年 2 月発行

# 令和５年度本試験　問題編

■択一式　問題
■記述式　問題

# 試 験 問 題 （午後の部）

## 注 意

(1) 別に配布した答案用紙の該当欄に、試験問題裏表紙の記入例に従って、受験地、受験番号及び氏名を必ず記入してください。多肢択一式答案用紙に受験地及び受験番号をマークするに当たっては、数字の位を間違えないようにしてください。

(2) 試験時間は、2時間30分です。

(3) 試験問題は、多肢択一式問題（第1問から第20問まで）と記述式問題（第21問及び第22問）から成り、配点は、多肢択一式問題が50点満点、記述式問題が50点満点です。

(4) ① **多肢択一式問題の解答**は、所定の答案用紙の解答欄の正解と思われるものの番号の枠内をマーク記入例に従い、濃く塗りつぶす方法でマークしてください。解答欄へのマークは、各問につき1箇所だけにしてください。二つ以上の箇所にマークがされている欄の解答は、無効とします。解答を訂正する場合には、プラスチック製消しゴムで完全に消してから、マークし直してください。

② 答案用紙への記入に当たっては、**鉛筆（B又はHB）**を使用してください。該当欄の枠内をマークしていない解答及び**鉛筆を使用していない解答は、無効**とします。

(5) **記述式問題の解答**は、所定の答案用紙に記入してください。答案用紙への記入は、**黒インクのペン、万年筆又はボールペン（ただし、インクが消せるものを除きます。）**を使用してください。所定の答案用紙以外の用紙に記入した解答及び**上記ペン、万年筆又はボールペン以外の筆記具（鉛筆等）によって記入した解答は、その部分を無効とします。**なお、**図面を記述式答案用紙に記入するに当たっては、万年筆はペン種（ペン先）が細字（F）以下のもの、ボールペンはボール径（ペン先）が0.5mm以下のものを使用してください。**

また、答案用紙の筆記可能線（答案用紙の外枠の二重線）を越えて筆記をした場合は、当該筆記可能線を越えた部分については、採点されません。

(6) 答案用紙に受験地、受験番号及び氏名を記入しなかった場合は、採点されません（試験時間終了後、これらを記入することは、認められません。）。答案用紙の受験地、受験番号及び氏名の欄以外の箇所に特定の氏名等を記入したものは、無効とします。

(7) 答案用紙は、汚したり、折り曲げたりしないでください。また、書き損じをしても、補充しません。

(8) 試験問題のホチキスを外したり、試験問題のページを切り取る等の行為は、認められません。

(9) 受験携行品は、黒インクのペン、万年筆又はボールペン（ただし、インクが消せるものを除きます。）、インク（黒色）、三角定規（三角定規以外の定規の使用は不可。）、製図用コンパス、三角スケール、分度器、鉛筆（B又はHB）、プラスチック製消しゴム、電卓（予備を含めて、2台までとします。）及びそろばんに限ります。

なお、下記の電卓は、使用することができません。

① プログラム機能があるもの

次に示すようなキーのあるものは、プログラム機能等を有していますので、使用することができません。

〈プログラム関連キー〉

| RUN | EXE | PRO | PROG |
| COMP | ENTER |
| P 1 | P 2 | P 3 | P 4 |
| PF 1 | PF 2 | PF 3 | PF 4 |

② プリント機能があるもの

③ アルファベットやカナ文字を入力することができるもの

④ 電池式以外のもの

(10) 試験時間中、不正行為があったときは、その答案は、無効なものとして扱われます。

(11) 試験問題に関する質問には、一切お答えいたしません。

(12) 試験問題は、試験時間終了後、持ち帰ることができます。

※ **本試験問題表紙の注意書きを再現したものです。**

**第1問** 無効及び取消しに関する次のアからオまでの記述のうち、**正しいもの**の組合せは、後記1から5までのうち、どれか。

ア 買主が売買契約を締結した当時に意思能力を有しなかったために当該契約が無効とされる場合には、売主は、買主に対し、当該契約に基づく目的物の引渡義務を負わない。

イ 売買契約が虚偽表示により無効である場合において、売主及び買主がそれぞれ無効であることを知って追認したときは、当該契約は、初めから有効であったものとみなされる。

ウ 買主が強迫を理由として売買契約を取り消したときは、当該契約は、初めから無効であったものとみなされる。

エ 未成年者が法定代理人の同意を得なければすることができない契約をその同意を得ることなく締結した場合において、当該法定代理人が当該契約を追認したときであっても、当該未成年者本人は、法定の期間内に相手方に対して意思表示をすることにより、当該契約を取り消すことができる。

オ 取消権は、取消しの原因となっていた状況が消滅し、かつ、取消権者が取消権を有することを知った後でなければ、時効によって消滅することはない。

1 アイ　　　　2 アウ　　　　3 イエ　　　　4 ウオ　　　　5 エオ

第 2 問　物権的請求権に関する次のアからオまでの記述のうち、**判例の趣旨に照らし正しい**ものの組合せは、後記 1 から 5 までのうち、どれか。

ア　Aが甲土地の所有者Bから甲土地を買った場合において、AB間の売買契約上、甲土地の所有権の移転時期に関する特約がないときは、Aは、当該契約締結後直ちに、Bに対して所有権に基づき甲土地の引渡しを請求することができる。

イ　Aが甲土地の所有者Bから甲土地を買った場合において、甲土地について、BからAへの所有権の移転の登記がされていないときは、Aは、甲土地を占有する無権利者Cに対して甲土地の明渡しを請求することができない。

ウ　Aが甲土地を所有し、その旨の登記がされている場合において、無権利者Bが甲土地上に乙建物を建て、占有補助者であるCと共に居住しているときは、Cは建物から退去させるためには、Aは、Cに対し、乙建物から退去して甲土地を明け渡すことを請求しなければならない。

エ　A及びBが甲土地を共有している場合において、無権利者Cが甲土地に産業廃棄物を不法投棄したときは、Aは、単独で、Cに対して当該産業廃棄物を撤去するよう請求することができる。

オ　所有権が時効によって消滅することはないが、所有権に基づく返還請求権は時効によって消滅する。

1　アエ　　　　　2　アオ　　　　　3　イウ　　　　　4　イエ　　　　　5　ウオ

**第3問**　遺言に関する次のアからオまでの記述のうち、**判例の趣旨に照らし正しいもの**の組合せは、後記1から5までのうち、どれか。

　ア　遺言の全文、日付及び氏名がカーボン紙を用いて複写の方法で記載された自筆証書遺言は、無効である。

　イ　遺言者の推定相続人は、公正証書遺言の証人となることができない。

　ウ　夫婦は、同一の証書により共同で遺言をすることができる。

　エ　遺言執行者の指定は、第三者に委託することができない。

　オ　遺言者が前の遺言と抵触する遺言をしたときは、前の遺言のうち抵触する部分は、後の遺言によって撤回されたものとみなされる。

　　1　アウ　　　　　2　アエ　　　　　3　イエ　　　　　4　イオ　　　　　5　ウオ

**第4問** 不動産の表示に関する登記の申請があった場合の登記官による調査に関する次のアからオまでの記述のうち、**誤っているもの**の組合せは、後記1から5までのうち、どれか。

ア 建物の表題登記の申請がされた場合には、登記官は、当該建物の所有者に関する事項について調査することができる。

イ 不動産の表示に関する登記の申請が申請人となるべき者以外の者によってされていると疑うに足りる相当な理由がある場合において、当該申請を却下すべきときであっても、登記官は、当該申請の申請人に対し、その申請の権限の有無を調査しなければならない。

ウ 土地の表示に関する登記についての実地調査を行う場合には、登記官は、日出から日没までの間に限り、当該実地調査を行うことができる。

エ 不動産の表示に関する登記の申請があった場合には、登記官は、登記所の職員に当該不動産の実地調査を行わせることはできない。

オ 不動産の表示に関する登記についての実地調査を行う場合には、登記官は、当該不動産の所有者その他の関係者に対し、文書の提示を求めることができる。

1 アイ　　　　　2 アオ　　　　　3 イエ　　　　　4 ウエ　　　　　5 ウオ

**第5問** 表題部の登記記録等に関する次のアからオまでの記述のうち、**正しいもの**の組合せは、後記1から5までのうち、どれか。

ア 土地区画整理事業により従前の1個の土地に照応して1個の換地を定めた換地処分が行われた場合には、当該換地について表題部の登記記録が新たに作成される。

イ 建物を新築する場合の不動産工事の先取特権の保存の登記がされている建物の建築が完了した場合において、当該建物の表題登記を申請し、当該登記がされるときは、当該建物の表題部の登記記録が新たに作成される。

ウ 甲土地の一部を分筆して、これを乙土地に合筆しようとする場合において、分筆の登記及び合筆の登記を一の申請情報により申請し、その旨の登記がされるときは、甲土地から分筆し、乙土地に合筆した土地の表題部の登記記録は作成されない。

エ 表題登記のある甲建物を隣接する他の土地上に解体移転した場合において、解体移転後の建物の表題部に関する登記を申請したときは、甲建物の表題部の登記記録に解体及び移転した旨が記録される。

オ 区分建物として表題登記のある甲建物及び乙建物からなる一棟の建物の中間部分を取り壊し、甲建物及び乙建物が区分建物でないそれぞれ別の建物となった場合において、甲建物及び乙建物の表題部に関する登記を申請し、その旨の登記がされるときは、甲建物及び乙建物の表題部の登記記録が新たに作成される。

1 アイ　　　　2 アオ　　　　3 イエ　　　　4 ウエ　　　　5 ウオ

---

**第6問** 地図に関する次のアからオまでの記述のうち、**正しいもの**の組合せは、後記1から5までのうち、どれか。

ア 地図を作成するための測量は、基本測量の成果である電子基準点を基礎として行うことができる。

イ 電磁的記録に記録された地図には、基本三角点等の位置のみならず、その名称及びその座標値を記録しなければならない。

ウ 土地家屋調査士が作成した測量成果である実測図であって、国土調査法第19条第5項の指定を受け、登記所に送付されるものについては、不適当とする特別の事情がある場合を除き、これを地図として登記所に備え付けることができる。

エ 新たに地図が備え付けられたことにより、電磁的記録に記録されている地図に準ずる図面が閉鎖された場合には、当該地図に準ずる図面の情報の内容を証明した書面の交付を請求することはできない。

オ 地図に表示された土地の区画に誤りがあることによる地図の訂正の申出をする場合において、当該申出の際に添付する地積測量図に記録された地積と当該土地の登記記録上の地積との差が公差の範囲内であっても、当該申出は、地積に関する更正の登記の申請と併せてしなければならない。

（参考）

国土調査法

　第19条 （略）

　2～4 （略）

　5 国土調査以外の測量及び調査を行った者が当該測量及び調査の結果作成された地図及び簿冊について政令で定める手続により国土調査の成果としての認証を申請した場合においては、国土交通大臣又は事業所管大臣は、これらの地図及び簿冊が第2項の規定により認証を受けた国土調査の成果と同等以上の精度又は正確さを有すると認めたときは、これらを同項の規定によって認証された国土調査の成果と同一の効果があるものとして指定することができる。

　6～8 （略）

1 アイ　　　　　2 アウ　　　　　3 イオ　　　　　4 ウエ　　　　　5 エオ

**第 7 問** 土地の表題登記に関する次のアからオまでの記述のうち、**誤っているもの**の組合せは、後記1から5までのうち、どれか。

ア 公有水面埋立法に基づく埋立工事が竣工した土地の表題登記を申請する場合には、所有権を証する情報として公有水面埋立法の規定による竣功認可書を提供することができる。

イ 国が所有する表題登記がない土地の売払いを受けた者が、当該土地の表題登記を申請する場合には、当該表題登記の登記原因を「国有財産売払」として申請しなければならない。

ウ Aが表題登記がない土地の所有権を原始取得した場合において、Aが当該土地の表題登記を申請する前に、当該土地をBに売却したときであっても、Aは、当該土地の表題登記を申請することができる。

エ 土地区画整理事業区域内で仮換地が指定された表題登記がない従前の土地について換地処分による登記を申請する場合において、必要があるときは、土地区画整理事業を施行する者は、当該従前の土地の所有者に代位して、土地の表題登記を申請することができる。

オ 地方公共団体の所有する土地について、当該地方公共団体が土地の表題登記を嘱託する場合には、所有権を証する情報の提供を省略することができる。

1 アイ 2 アエ 3 イウ 4 ウオ 5 エオ

**第 8 問**　地目に関する次のアからオまでの記述のうち、**正しいもの**の組合せは、後記 1 から 5 までのうち、どれか。

　ア　学校教育法の規定により設置された幼稚園の園舎の敷地である土地の地目は、学校用地とする。

　イ　高圧線の下にある建物の敷地である土地の地目は、雑種地とする。

　ウ　水力発電のためにのみ使用される排水路の地目は、雑種地とする。

　エ　牧場地域内にある牧畜のために使用する牧草栽培地である土地の地目は、畑とする。

　オ　人の遺体又は遺骨を埋葬する規模の大きな墓地の地目は、霊園とする。

　1　アウ　　　　　2　アエ　　　　　3　イウ　　　　　4　イオ　　　　　5　エオ

**第9問** 土地の分筆の登記に関する次のアからオまでの記述のうち、**正しいもの**の組合せは、後記1から5までのうち、どれか。

ア 抵当権の設定の登記がされた土地について分筆の登記がされた後は、錯誤を原因とする当該分筆の登記の抹消をすることはできない。

イ 抵当権の設定の登記がされた甲土地から乙土地を分筆する分筆の登記をする場合には、分筆後の甲土地及び乙土地の2筆の土地について、抵当権者が当該抵当権を消滅させることを承諾したことを証する情報が提供されたとしても、登記官は、分筆後の甲土地及び乙土地に係る当該抵当権が消滅した旨の登記をすることはできない。

ウ 甲土地の所有権の登記名義人であるAが死亡し、その相続人がB及びCである場合において、BC間で、Bが甲土地の所有権を単独で取得することを内容とする遺産分割協議が成立したときであっても、Bは、甲土地の分筆の登記を申請することはできない。

エ 地方公共団体及び私人が所有権の登記名義人である土地について、当該私人が分筆の登記を申請する場合には、登録免許税は課されない。

オ 甲土地から乙土地を分筆する分筆の登記をする場合において、甲土地に筆界特定がされた旨の記録があるときは、当該記録は、乙土地の登記記録に転写される。

1 アウ 　　　　 2 アエ 　　　　 3 イウ 　　　　 4 イオ 　　　　 5 エオ

**第10問** 建物図面及び各階平面図に関する次のアからオまでの記述のうち、**誤っているもの**の組合せは、後記1から5までのうち、どれか。

ア 建物図面及び各階平面図には、申請人及び作成者の住所を記録しなければならない。

イ 書面を提出する方法により地下のみの附属建物がある建物の建物図面を提供する場合には、附属建物の地下1階の形状を朱書きする。

ウ 各階平面図の床面積の計算において、不算入とすべき出窓を算入した誤りがある場合には、表題部所有者若しくは所有権の登記名義人又はこれらの相続人その他の一般承継人は、各階平面図の訂正の申出をすることができる。

エ 建物の表題登記がされ、既に建物図面及び各階平面図が登記所に提出されている建物について、附属建物の滅失による表題部の変更の登記を申請する場合には、建物図面及び各階平面図の提供を省略することができる。

オ 2階建の建物の各階平面図を作成する場合において、2階の階層を表示するときは、1階の位置を点線をもって表示する。

1 アウ　　　　　2 アオ　　　　　3 イウ　　　　　4 イエ　　　　　5 エオ

**第11問**　建物の認定に関する次のアからオまでの記述のうち、**正しいもの**の組合せは、後記
　　　　1から5までのうち、どれか。

　　ア　公衆用道路上に屋根覆いを施したアーケード付街路のうち、その周辺が店舗に囲
　　　　まれており、かつ、アーケードを有する部分に限り、建物として登記することがで
　　　　きる。
　　イ　上部が倉庫として利用されている寺院の山門であって、当該倉庫部分が周壁を有
　　　　して外気と分断されているものであっても、建物として登記することはできない。
　　ウ　次の〔図1〕のとおり、主たる部分の構成材料が鉄骨であり、屋根及び周壁が永
　　　　続性のある膜構造の塩化ビニールの特殊シートで覆われた建造物は、建物として登
　　　　記することができる。
　　エ　次の〔図2〕のとおり、最上部が屋根及び周壁を有する展望台となっており、当
　　　　該展望台の下部が鉄筋コンクリートを主たる構成材料として建築された階段室と
　　　　なっている場合には、当該展望台を建物として登記することができる。
　　オ　屋根及び外壁があり、内部に車を格納する回転式のパーキング機械が設置されて
　　　　いるタワー状の立体駐車場は、建物として登記することはできない。

〔図1〕　　　　　　　　　　　　　　　〔図2〕

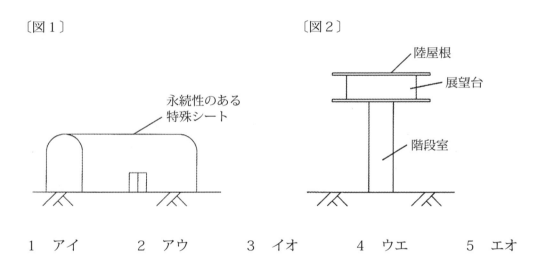

　　　1　アイ　　　　2　アウ　　　　3　イオ　　　　4　ウエ　　　　5　エオ

**第12問** 建物の床面積に関する次のアからオまでの記述のうち、**正しいもの**の組合せは、後記1から5までのうち、どれか。

ア 建物の一部が2階から最上階まで吹抜けとなっている場合には、1階から最上階までの各階の吹抜け構造の部分は、建物の床面積に算入しない。

イ 区分建物でない鉄筋コンクリート造の建物について、壁の厚みが各階ごとに異なる場合には、各階ごとに壁の中心線で囲まれた部分の水平投影面積により床面積を算出する。

ウ 次の〔図1〕のとおり、区分建物を内壁で囲まれた部分により床面積を算出する場合において、当該区分建物が鉄筋コンクリート造であって、柱と壁を兼ねている構造の部分が柱状に凸凹しているときは、その柱状に凸凹している部分は、専有部分の範囲から除外して床面積を算出する。

エ 次の〔図2〕のとおり、ビル内の地下において、1方向のみを壁構造とし、他の3方向は鉄製のシャッターで仕切られており、営業中はシャッターを上げ、閉店後はシャッターを閉める構造の店舗部分は、区分建物の専有部分の床面積に算入しない。

オ 次の〔図3〕のとおり、機械室、冷却装置室及び屋上に出入りするための階段室が設置されている天井高2.5メートルの塔屋について、当該塔屋の一部が、管理事務所及び倉庫として使用されている場合には、管理事務所及び倉庫として使用されていない部分も含めた当該塔屋全体を建物の床面積に算入する。

〔図1〕　　　　　　　　〔図2〕　　　　　　　　〔図3〕

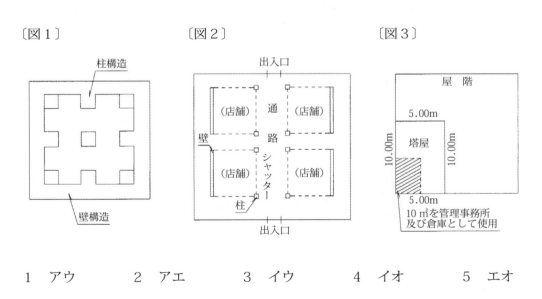

1　アウ　　　　2　アエ　　　　3　イウ　　　　4　イオ　　　　5　エオ

**第13問** 建物の表題登記に関する次のアからオまでの記述のうち、**正しいもの**の組合せは、後記1から5までのうち、どれか。

ア　株式会社A及び株式会社Bが区分建物である甲建物の所有権の原始取得者である場合において、甲建物の表題登記を申請する前に、株式会社Cが株式会社Bを吸収合併したときは、吸収合併存続会社である株式会社Cは、表題部所有者を株式会社A及び株式会社Cとする甲建物の表題登記を申請することができる。

イ　建物の表題登記の申請情報として建物の所在を提供する場合において、当該建物の登記記録の所在に「甲郡乙町大字丙字丁」と記録されており、地番区域が大字である丙と定められているときであっても、小字である丁の記載を省略することはできない。

ウ　区分建物でない建物の表題登記の申請をし、建物の名称を申請情報として提供して登記が完了した場合には、当該建物の名称は、当該建物の登記記録の表題部の建物の名称欄に記録される。

エ　数個の区分建物が属する一棟の建物を新築した場合には、その全ての区分建物について、一の申請情報により建物の表題登記を申請しなければならない。

オ　区分建物である表題登記のない建物の所有権の原始取得者が複数いる場合において、当該区分建物の表題登記を申請するときは、その原始取得者のうちの一人から当該申請をすることができる。

1　アウ　　　　　2　アエ　　　　　3　イウ　　　　　4　イオ　　　　　5　エオ

第14問 次の対話は、建物の表示に関する登記の添付情報に関する土地家屋調査士（以下「調査士」という。）と補助者との対話である。調査士の質問に対する次のアからオまでの補助者の解答のうち、**誤っているもの**の組合せは、後記１から５までのうち、どれか。

調査士： 建物の表題登記を申請する場合を考えてみましょう。申請人が建物の敷地を所有していない場合には、当該申請人に当該敷地を利用することについて正当な権原があることを証する情報を提供しなければなりませんか。

補助者：ア　はい。当該敷地を利用することについての正当な権原があることを証する情報を添付する必要があります。

調査士： 建物の表題登記を申請する際に、所有権を証する情報として工事施工会社作成に係る工事完了引渡証明書を提供し、これに当該会社の印鑑に関する証明書を添付した場合には、当該印鑑に関する証明書は、作成後３か月以内のものでなければなりませんか。

補助者：イ　いいえ。当該印鑑に関する証明書は、作成後３か月以内のものである必要はありません。

調査士： Ａ株式会社の支店の支配人として登記された者が、Ａ株式会社が所有する建物の表題登記の申請に係る申請人となる場合には、Ａ株式会社の会社法人等番号と併せて当該支配人の権限を証する情報を提供しなければなりませんか。

補助者：ウ　いいえ。支配人の権限を証する情報を提供する必要はありません。

調査士： 建物の表題登記を申請する場合には、申請人の住所を証する情報は、作成後３か月以内のものでなければなりませんか。

補助者：エ　いいえ。当該住所を証する情報は、作成後３か月以内のものである必要はありません。

調査士： ２棟の建物が合体して１個の建物になったことにより、合体後の建物についての建物の表題登記及び合体前の建物についての建物の表題部の登記の抹消を申請する場合において、合体前の各建物について所有権の登記があるときは、当該各建物の所有権の登記名義人の住所を証する情報を提供しなければなりませんか。

補助者：オ　いいえ。登記記録から所有権者の住所が明らかなので、住所を証する情報は必要ありません。

1　アウ　　　　2　アオ　　　　3　イウ　　　　4　イエ　　　　5　エオ

**第15問** 建物の分割の登記に関する次のアからオまでの記述のうち、**正しいもの**の組合せは、後記1から5までのうち、どれか。

ア 甲建物の附属建物として登記されている2棟の建物について、1棟を主である建物とし、残りの1棟をその附属建物とする場合には、甲建物から当該2棟の建物を乙建物と丙建物にそれぞれ分割する建物の分割の登記がされた後に、丙建物を乙建物の附属建物とする建物の合併の登記を申請しなければならない。

イ Aが所有する甲建物の附属建物として登記されている建物について処分禁止の仮処分命令を得た債権者であるBは、当該仮処分命令の正本を代位原因を証する情報として提供して、Aに代位して、当該建物の分割の登記を申請することができる。

ウ 建物の分割の登記を申請する場合において提供する建物図面及び各階平面図には、分割後の各建物を表示し、これに符号を付さなければならない。

エ 甲建物に1から3までの符号が付された附属建物が3棟ある場合において、符号2の附属建物を分割したときは、符号3の附属建物の符号は、符号2に変更される。

オ 家屋番号5番である甲建物の附属建物を分割して乙建物とする場合には、甲建物の登記記録の附属建物の表示欄の原因及びその日付欄に、「5番の1、5番の2に分割」と記録される。

1 アイ　　　　　2 アオ　　　　　3 イウ　　　　　4 ウエ　　　　　5 エオ

**第16問** 合体後の建物についての建物の表題登記及び合体前の建物についての建物の表題部の登記の抹消（以下「合体による登記等」という。）に関する次のアからオまでの記述のうち、**正しいもの**の組合せは、後記１から５までのうち、どれか。

ア　いずれも表題登記がない甲建物及び乙建物が合体して１個の建物となった場合において、合体による登記等を申請するときは、当該申請と併せて合体前の甲建物及び乙建物の表題登記の申請をしなければならない。

イ　いずれも区分建物でない甲建物の附属建物と乙建物とが合体した場合には、甲建物の分割の登記をすることなく、合体による登記等を申請することができる。

ウ　Ａが所有権の登記名義人である甲建物及び乙建物が合体して丙建物になった後に、Ａが死亡し、その相続人がＢ及びＣである場合には、Ｂは、単独で、合体による登記等を申請することができる。

エ　Ａが表題部所有者として記録されている区分建物でない甲建物とＢが表題部所有者として記録されている区分建物でない乙建物とが増築により合体し、合体後の建物が一棟の建物に属する２個の区分建物としての要件を備えた場合において、当該合体後の建物について、Ａ及びＢが区分所有の意思を示したときであっても、合体による登記等を申請しなければならない。

オ　合体前の建物に記録されている所有権の登記名義人の住所が現在の住所と異なる場合には、当該所有権の登記名義人の住所の変更の登記を申請することなく、当該建物について合体による登記等を申請することができる。

1　アイ　　　　2　アエ　　　　3　イオ　　　　4　ウエ　　　　5　ウオ

第 17 問　共用部分である旨の登記又は団地共用部分である旨の登記に関する次のアからオまでの記述のうち、**誤っているもの**の組合せは、後記 1 から 5 までのうち、どれか。

ア　表題登記のある建物について共用部分とする旨の規約を定めた場合には、当該建物の表題部所有者は、当該規約を定めた日から 1 か月以内に、共用部分である旨の登記を申請しなければならない。

イ　所有権の登記がない建物について共用部分である旨の登記がされる場合には、当該建物の表題部所有者に関する登記事項を抹消する記号が記録される。

ウ　共用部分である旨の登記がある建物について、当該建物の種類を倉庫から車庫に変更した場合には、規約により共用部分の所有者と定められた者は、当該建物の表題部の変更の登記を申請しなければならない。

エ　団地共用部分である旨の登記がある区分建物でない建物について、建物の区分の登記を申請する場合には、当該建物の所有者を証する情報を添付情報として提供しなければならない。

オ　団地共用部分を共用すべき者の所有する区分建物でない建物について、団地共用部分である旨の登記を申請する場合において、当該建物の不動産番号を申請情報の内容とするときであっても、当該建物の家屋番号を申請情報の内容としなければならない。

1　アイ　　　　　2　アオ　　　　　3　イウ　　　　　4　ウエ　　　　　5　エオ

第18問　筆界特定の手続に関する次のアからオまでの記述のうち、**正しいもの**の組合せは、後記1から5までのうち、どれか。

ア　筆界調査委員が実地調査を行うために他人の土地に立ち入る場合において、当該土地の占有者がいないときは、あらかじめ土地の表題部所有者又は所有権登記名義人に通知をしなければならない。

イ　筆界調査委員は、対象土地の筆界特定のために必要な事実の調査を終了した場合には、申請人に対し、対象土地の筆界特定についての意見を提出しなければならない。

ウ　対象土地の筆界特定をしたことにより対象土地の地積が算出できる場合には、筆界特定の内容を表示した図面に当該土地の地積が記載される。

エ　筆界調査委員が筆界特定のために必要な事実の調査をする場合には、筆界調査委員は、申請人及び関係人以外のその他の者からその知っている事実を聴取し又は資料の提出を求めることができる。

オ　筆界特定の手続における測量に要する費用は、申請人が負担する。

1　アイ　　　　　2　アエ　　　　　3　イウ　　　　　4　ウオ　　　　　5　エオ

**第19問** 法定相続情報を記載した書面（以下「法定相続情報一覧図」という。）の保管及び法定相続情報一覧図の写しの交付の申出に関する次のアからオまでの記述のうち、**正しいもの**の組合せは、後記1から5までのうち、どれか。

ア 委任を受けた土地家屋調査士が、法定相続情報一覧図の写しの交付の申出をする場合には、代理人の権限を証する書面として、委任状以外の書面を添付する必要はない。

イ 法定相続情報一覧図の保管の申出は、申出人の住所地を管轄する登記所に申出をすることができる。

ウ 法定相続情報一覧図の保管の申出をする際に申出書に添付する法定相続情報一覧図には、相続開始の時における同順位の相続人の住所を記載しなければならない。

エ 法定相続情報一覧図の保管の申出をするには、被相続人が不動産の表題部所有者又は所有権の登記名義人として登記されていることを要する。

オ 法定相続情報一覧図の写しの再交付の申出は、当該法定相続情報一覧図の保管の申出をした申出人のみがすることができる。

1 アイ　　　　　2 アエ　　　　　3 イオ　　　　　4 ウエ　　　　　5 ウオ

第20問　土地家屋調査士又は土地家屋調査士法人に関する次のアからオまでの記述のうち、正しいものの組合せは、後記1から5までのうち、どれか。

ア　土地家屋調査士が死亡したときは、その相続人は、遅滞なく、その旨を日本土地家屋調査士会連合会に届け出なければならない。

イ　土地家屋調査士が引き続き2年以上業務を行わないときは、日本土地家屋調査士会連合会は、その登録を取り消さなければならない。

ウ　土地家屋調査士法人は、定款の定めによらなければ、社員のうち特に土地家屋調査士法人を代表すべきものを定めることができない。

エ　法務大臣は、土地家屋調査士又は土地家屋調査士法人について、戒告の処分をしたときには、遅滞なく、その旨を官報をもって公告しなければならない。

オ　法務大臣は、土地家屋調査士法人に対する懲戒処分として、当該法人の業務の一部に限った業務の停止を命ずることはできない。

1　アエ　　　　　2　アオ　　　　　3　イウ　　　　　4　イエ　　　　　5　ウオ

**第21問** 土地家屋調査士法務新太は、次の〔調査図素図〕に示すA市B町二丁目1番1の土地（以下「甲土地」という。）、同1番2の土地（以下「乙土地」といい、甲土地と併せて「本件各土地」という。）の所有者である河野桂子から、本件各土地の表示に関する登記の相談を受け、**【土地家屋調査士法務新太による聴取結果の概要】**のとおり事情を聴取するとともに、本件各土地について必要となる表示に関する登記の申請手続についての代理並びに当該登記に必要な調査及び測量の依頼を受け、**【土地家屋調査士法務新太による調査及び測量の結果の概要】**のとおり必要な調査及び測量を行った上、必要となる表示に関する登記の申請を行った。

　以上に基づき、次の問1から問5までに答えなさい。


〔調査図素図〕

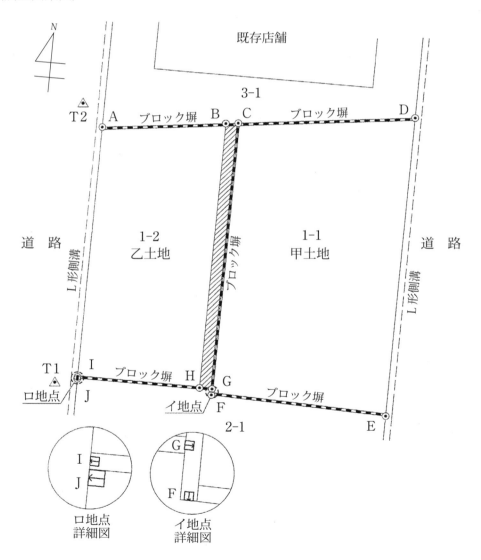

24

（注）　1　Ｂ点は、Ａ点とＣ点を結ぶ直線上にある。
　　　　2　Ｈ点は、Ｇ点とＩ点を結ぶ直線上にある。
　　　　3　Ｉ点は、Ａ点とＪ点を結ぶ直線上にある。

問１　次の文は、土地家屋調査士法務新太が、【土地家屋調査士法務新太による聴取
　　　結果の概要】及び【土地家屋調査士法務新太による調査及び測量の結果の概要】
　　　を踏まえて、〔調査図素図〕における乙土地に係るイ地点の筆界点及びロ地点の
　　　筆界点を判断するに当たって検討した事項である。（　ア　）から（　エ　）ま
　　　でに入る文言を別紙第 21 問答案用紙の第１欄に記載しなさい。なお、（　ウ　）
　　　には「Ｆ点」又は「Ｇ点」の文言が入り、（　エ　）には「Ｉ点」又は「Ｊ点」
　　　の文言が入る。

> 　　地積測量図とは、（　ア　）の土地の地積に関する（　イ　）の結果を明
> らかにする図面であって、法務省令で定めるところにより作成されるものを
> いう。不動産登記規則において、地積測量図には、筆界の点間距離を記録す
> ることとなっている。
> 　　【土地家屋調査士法務新太による調査及び測量の結果の概要】から、Ｃ点
> から（　ウ　）までの点間距離及びＡ点から（　エ　）までの点間距離を算
> 出すると、これらと甲土地から乙土地が分筆された際に提出された地積測量
> 図に記録されている点間距離とが一致する。
> 　　したがって、イ地点における筆界点を（　ウ　）、ロ地点における筆界点
> を（　エ　）と判断した。

問２　【土地家屋調査士法務新太による聴取結果の概要】及び【土地家屋調査士法務
　　　新太による調査及び測量の結果の概要】から、Ｂ点及びＨ点の座標値を求め、別
　　　紙第 21 問答案用紙の第２欄に記載しなさい。

問３　別紙第 21 問答案用紙の第３欄を用いて、土地家屋調査士法務新太が令和５年
　　　８月 10 日に申請した乙土地に関する登記の申請書に添付する地積測量図を完成
　　　させなさい。

問４　別紙第 21 問答案用紙の第４欄の空欄を埋めて、土地家屋調査士法務新太が令
　　　和５年 10 月 16 日に申請した甲土地に関する登記の申請書を完成させなさい。
　　　ただし、【土地家屋調査士法務新太による聴取結果の概要】10 の河野桂子の希望
　　　を踏まえて申請することとし、必要な土地の表示に関する登記が複数ある場合は、
　　　一の申請情報により申請するものとする。なお、登録免許税の欄については、登
　　　録免許税の納付を要しない場合は不要と記載すること。

問５　河野桂子は、自らが所有する本件各土地とは別の場所に位置する土地（以下「丙
　　　土地」という。）について、土地家屋調査士法務新太に対し、「丙土地は、現在、
　　　建物の敷地となっているが、丙土地の一部を道路として無償貸与している。しか

し、道路として使用されている部分は分筆されておらず、利用状況と登記記録の内容が一致していない。今般、丙土地が位置する地域で法務局の地図作成事業が実施されることとなったが、地図作成事業で、丙土地に係る利用状況と登記記録の不一致は是正されるのか。」との質問をした。

　次の文は、前記質問に対し、土地家屋調査士法務新太がした説明である。（　①　）から（　④　）までに入る文言を、別紙第21問答案用紙の第5欄の該当欄に記載しなさい。

---

　　登記官は、登記の申請がない場合であっても、不動産登記法第14条第1項の地図を作成するため必要があると認めるときは、（　①　）又は（　②　）の登記名義人の（　③　）がないときに限り、（　④　）で、分筆又は合筆の登記をすることができるとされています。

　　したがって、登記官が不動産登記法第14条第1項の地図を作成するために必要があると認めたときは、（　①　）又は（　②　）の登記名義人の（　③　）がなければ、分筆及び合筆の登記がされることがあるので、そのような場合には、丙土地に係る利用状況と登記記録の不一致が是正されます。

---

（注）　1　本問における行為は全て適法に行われており、法律上必要な書類は全て適法に作成されているものとする。

　　　2　登記の申請は、書面申請の方法によってするものとする。

　　　3　座標値は、計算結果の小数点以下第3位を四捨五入し、小数点以下第2位までとすること。

　　　4　地積測量図は、250分の1の縮尺により作成すること。また、地積測量図に記載する測量の結果を用いて求めた筆界点間の距離は、計算結果の小数点以下第3位を四捨五入し、小数点以下第2位までとすること。

　　　5　地積測量図には、各筆界点の座標値、平面直角座標系の番号又は記号、地積及びその求積方法並びに測量年月日は、記載することを要しない。

　　　6　A市基準点の各点は、地積測量図にその地点を明示して点名を付して記載すること。ただし、座標値を記載することを要しない。

　　　7　乙土地を分筆する場合の分筆後の地番は、分筆後の土地のうち**西側の土地を1番2**とし、その余の土地については**新地番を1番4**として付番すること。

　　　8　**別紙第21問答案用紙の各欄に記載する文字は字画を明確にし、訂正、加入又は削除をするときは、訂正は訂正すべき字句に線を引き、近接箇所に訂正後の字句を記載し、加入は加入する部分を明示して行い、削除は削除すべき字句に線を引いて、訂正、加入又は削除をしたことが明確に分かるように記載すること。ただし、押印や字数を記載することを要しない。**

　　　9　登記申請書に記載する地積について、小数点以下の端数が生じる場合には、提出済みの地積測量図に記載された端数を援用すること。

**【土地家屋調査士法務新太による聴取結果の概要】**

1　A市B町二丁目2番地1に住所を有する河野桂子は、本件各土地及び2番1の土地を所有している。

2　桜田裕斗が代表取締役を務める株式会社桜ストアは、3番1の土地を所有している。

3　河野桂子は、平成15年から、株式会社桜ストアに対し、3番1の土地に存在する店舗（以下「既存店舗」という。）の従業員のみが使用する駐車場として、甲土地を賃貸している。

4　河野桂子は、平成25年から、花山光司に対し、A点、C点、G点、I点及びA点を順次直線で結んだ範囲の土地（以下「本件借地」という。）を賃貸している。

5　株式会社桜ストアは、既存店舗の建替えに伴い、河野桂子に対し、甲土地及び乙土地の東側の一部（B点、C点、G点、H点及びB点の各点を順次結んだ範囲の部分。以下「斜線部分」という。）の土地を新築する予定の店舗（以下「新店舗」という。）の敷地として購入したい旨を申し出た。そこで、河野桂子は、花山光司との間で、前記4の乙土地に係る賃借権の範囲を変更することについて協議をした。すると、花山光司は、河野桂子に対し、本件借地の賃借権の範囲を変更するよりも、本件借地の西側部分（A点、B点、H点、I点及びA点を順次直線で結んだ範囲（以下「西側部分」という。））の土地を購入したい旨を申し出たため、河野桂子は、花山光司との間で西側部分の土地を売却し、令和5年8月31日までに所有権の移転の登記をすることを合意した。

6　河野桂子は、令和5年4月1日、株式会社桜ストアとの間で、甲土地及び斜線部分の土地を売却する契約（以下「本件売買契約」という。）を締結し、その際、以下の①及び②の合意をした。なお、B点とH点を結ぶ直線は、C点とG点を結ぶ直線に平行で、その西側に1.00m離れた直線である。

　①　株式会社桜ストアは、新店舗の新築工事と併せて、甲土地の北側に存在するブロック塀並びに斜線部分の北側及び東側に存在するブロック塀を撤去し、新たにB点とH点を結ぶ直線上にブロック塀を設置する工事（以下「本件工事」という。）を行う。

　②　本件工事完了後、河野桂子は、甲土地及び斜線部分の土地を一筆の土地にした上で、当該一筆の土地について、本件売買契約に基づき、河野桂子から株式会社桜ストアへの所有権の移転の登記をする。

7　株式会社桜ストアは、令和5年4月3日から既存店舗の解体工事に着手し、同年5月31日にその工事は完了した。

8　株式会社桜ストアは、令和5年6月1日から本件工事及び新店舗の新築工事に着手し、同年9月20日にその全ての工事が完了し、新店舗の営業が開始した。

9　甲土地及び斜線部分の土地は、新店舗を利用する者の車両や新店舗に商品を納品する車両の駐車場として利用されているとともに、新店舗において販売している商品の特価品や新製品を屋外に陳列するための展示販売所としても利用されている。

10　河野桂子は、前記5及び6の所有権の移転の登記を申請する前提として必要となる登記その他の不動産登記法上必要となる表示に関する登記をすることを希望している。

11　土地家屋調査士法務新太は、同年8月10日、前記5の乙土地について、必要な登記を申

請し、当該登記は、同月 21 日、完了した。

12　河野桂子は、同年 9 月 20 日、甲土地について、順位 1 番の抵当権の抹消の登記を申請し、当該登記は、同月 29 日、完了した。その後、法務新太は、同年 10 月 16 日、前記 6 の甲土地及び斜線部分の土地について、必要な登記を申請した。

13　河野桂子は、本件各土地の登記識別情報を保有している。

## 【土地家屋調査士法務新太による調査及び測量の結果の概要】

1　資料に関する調査の結果

（1）　登記記録の調査結果

　　　ア　甲土地の登記記録の抜粋

（表題部）

　　　　所　在　　A市B町二丁目

　　　　地　番　　1番1

　　　　地　目　　雑種地

　　　　地　積　　335㎡

（権利部）

　　　　甲　区　　1番　A市B町二丁目2番地1　河野桂子

　　　　乙　区　　1番　抵当権設定　平成 15 年 8 月 1 日受付第 1234 号

　　　　原　因　　平成 15 年 8 月 1 日金銭消費貸借同日設定

　　　　債権額　　金 1900 万円　利息　年 3.60％

　　　　損害金　　年 18.00％（年 365 日の日割計算）

　　　　債務者　　A市B町二丁目2番地1　河野桂子

　　　　抵当権者　A市C町三丁目1番1号　法務信用金庫

　　　イ　乙土地の登記記録の抜粋

（表題部）

　　　　所　在　　A市B町二丁目

　　　　地　番　　1番2

　　　　地　目　　宅地

　　　　地　積　　<u>119.16㎡</u>

　　　　　　　　　236.81㎡

　　　　原因日付〔登記の日付〕　1番3を合筆〔平成 25 年 9 月 1 日〕

（権利部）

　　　　甲　区　　A市B町二丁目2番地1　河野桂子

　　　　乙　区　　（登記事項なし）

ウ　2番1の登記記録の抜粋

（表題部）

　　　所　在　　A市B町二丁目

　　　地　番　　2番1

　　　地　目　　宅地

　　　地　積　　528.92㎡

（権利部）

　　　甲　区　　A市B町二丁目2番地1　　河野桂子

　　　乙　区　　（登記事項なし）

エ　3番1の登記記録の抜粋

（表題部）

　　　所　在　　A市B町二丁目

　　　地　番　　3番1

　　　地　目　　宅地

　　　地　積　　991.73㎡

（権利部）

　　　甲　区　　D市E町二丁目1番3号　　株式会社桜ストア

　　　乙　区　　（登記事項なし）

（2）　地図等に関する調査結果

　　　本件各土地が所在する地域には、不動産登記法第14条第1項の地図は備え付けられていないが、地図に準ずる図面が備え付けられている。また、本件各土地が所在する地域は、不動産登記規則第10条第2項第1号の市街地地域に属する。

（3）　本件各土地及び隣接地に係る図面等の調査結果

　　　本件各土地については、平成15年に、甲土地から乙土地が分筆された際に提出された地積測量図がそれぞれ備え付けられている。なお、平成25年9月1日、1番2の土地と1番3の土地とが合筆されて、乙土地となった。

〔地積測量図（抜粋）〕

三斜求積表

| 地番 | ① 1-1 | | |
|---|---|---|---|
| | 底　辺 | 高　さ | 倍　面　積 |
| | 27.09 | 12.95 | 350.815500 |
| | 27.09 | 11.82 | 320.203800 |
| | | 倍　面　積 | 671.019300 |
| | | 面　積 | 335.5096500 |
| | | 地　積 | 335.50　　　㎡ |

| 地番 | ② 1-2 | | |
|---|---|---|---|
| | 底　辺 | 高　さ | 倍　面　積 |
| | 14.98 | 8.43 | 126.281400 |
| | 14.98 | 7.48 | 112.050400 |
| | | 倍　面　積 | 238.331800 |
| | | 面　積 | 119.1659000 |
| | | 地　積 | 119.16　　　㎡ |

| 地番 | ③ 1-3 | | |
|---|---|---|---|
| | 底　辺 | 高　さ | 倍　面　積 |
| | 15.21 | 7.61 | 115.748100 |
| | 15.21 | 7.86 | 119.550600 |
| | | 倍　面　積 | 235.298700 |
| | | 面　積 | 117.6493500 |
| | | 地　積 | 117.64　　　㎡ |

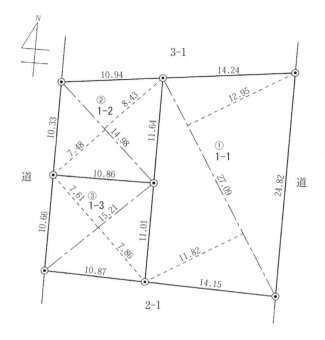

（4）　A市道路管理課における道路境界の調査の結果

　　　A市道路管理課において、道路境界の調査を行った結果、本件各土地については道路境界の確認がされており、道路境界確認図が備え付けられていた。

2　本件各土地の利用状況、境界標の状況並びに立会い及び測量の結果
（1）　本件各土地の利用状況

　　　本件各土地の利用状況は【土地家屋調査士法務新太による聴取結果の概要】のとおりである。なお、甲土地及び斜線部分の土地は、新店舗との一体利用が不可欠な状態にあることが確認された。

（2）　境界標の状況に関する調査

　　　〔調査図素図〕のA点、D点、E点及びJ点にはコンクリート杭が設置されており、C点、F点、G点及びI点には金属標が設置されている。なお、全ての境界標には永続性があることが確認された。

（3）　土地家屋調査士法務新太による検証及び立会の結果等

　　ア　土地家屋調査士法務新太による検証の結果、現地の境界標と登記所備付資料の地積測量図及び道路境界確認図の成果は整合していることが確認された。

　　イ　土地家屋調査士法務新太による検証の結果、本件各土地の筆界は、登記所備付地積測量図のとおりであることが確認された。また、現地立会いの結果、本件土地の筆界は、河野桂子の認識とも一致した。また、土地家屋調査士法務新太は、河野桂子との間で本件土地の分割点についても確認した。

ウ　土地家屋調査士法務新太による検証の結果、甲土地と３番１の土地との筆界及び乙土地と３番１との筆界は、Ａ点、Ｃ点及びＤ点を順次結んだ直線であることが確認された。また、現地立会の結果、これらの筆界は、株式会社桜ストアの代表取締役である桜田裕斗の認識とも一致した。

エ　土地家屋調査士法務新太は、分割点であるＢ点及びＨ点に永続性のあるコンクリート杭を設置した。また、Ｇ点には金属標が設置されていたが、当該金属標は、ブロック塀の撤去工事の際に亡失していたため、土地家屋調査士法務新太は、令和５年８月７日に新たにＧ点に永続性のあるコンクリート杭を設置した。

(4)　測量の結果

　　近傍のＡ市基準点の点検測量を行った結果、許容誤差内にあることを確認した。そこで、次の〔Ａ市基準点成果表〕の値をもって、測量を行い、次の〔測量によって得られた座標値〕のとおり筆界点等の座標値を得た。

ア　〔Ａ市基準点成果表〕

| 点名 | Ｘ座標（m） | Ｙ座標（m） |
| --- | --- | --- |
| Ｔ１ | 680.04 | 690.97 |
| Ｔ２ | 703.30 | 691.02 |

イ　〔測量によって得られた座標値〕

| 点名 | Ｘ座標（m） | Ｙ座標（m） |
| --- | --- | --- |
| Ａ | 701.48 | 692.76 |
| Ｃ | 702.79 | 703.62 |
| Ｄ | 704.50 | 717.76 |
| Ｅ | 679.68 | 717.76 |
| Ｆ | 680.14 | 703.62 |
| Ｇ | 680.64 | 703.62 |
| Ｉ | 680.64 | 692.76 |
| Ｊ | 680.49 | 692.76 |

**第22問** 甲田栄一は、自己の所有するＡ市Ｂ町一丁目３番９の土地（以下「本件土地」という。）
上に、家屋番号Ｂ町一丁目３番９の１区分建物（以下「３番９の１の区分建物」と
いう。）及び家屋番号Ｂ町一丁目３番９の２の区分建物（以下「３番９の２の区分建物」
といい、３番９の１の区分建物と併せて「本件各区分建物」という。）を新築し、本
件各区分建物を所有している。土地家屋調査士法務太郎は、【事実関係】のとおり、
甲田栄一から表示に関する登記についての相談を受けて事情を聴取し、必要となる全
ての表示に関する登記の申請手続についての代理並びに当該登記に必要な調査及び測
量の依頼を受け、現地の測量及び【登記記録】のとおり登記記録を調査した上、必要
となる登記の申請を行った。なお、本件土地及び本件各区分建物には、【登記記録】
に記録されている権利以外の権利は存在しない。

　以上に基づき、次の問１から問４までに答えなさい。

問１　土地家屋調査士法務太郎は、甲田栄一から、「本件各区分建物を区分建物でな
　　い建物としたいが、どのような登記手続が可能なのか。」との質問を受けた。

　　　次の文は、上記の質問を受けて、土地家屋調査士法務太郎が甲田栄一に対して
　　行った説明である。（　ア　）から（　オ　）までに入る文言を別紙第22問答案
　　用紙の第１欄の該当欄に記載しなさい。

> 　今回、申請すべき登記は、区分建物の（　ア　）の登記となります。
> 　まず、本件工事の内容からすると、本件各区分建物の（　イ　）が失われ
> るものではないため、本件各区分建物が（　ウ　）したとみることはできま
> せん。本件各区分建物は、所有権の登記名義人が相互に異なる建物ではなく、
> 所有権等の登記以外の（　エ　）に関する登記のある建物でもありません。
> また、本件各区分建物は、主たる建物と附属建物の関係にはありませんが、
> 互いに（　オ　）している建物です。そのほかに区分建物の（　ア　）の登
> 記を制限する事由はありません。そのため、本件各区分建物を区分建物では
> ない建物にするためには、（　ア　）の登記を申請すべきことになります。
> 　また、本件工事により建物の登記事項に変更が生じている場合には、建物
> の表題部の変更の登記を申請する必要があります。

問２　別紙第22問答案用紙の第２欄の空欄を埋めて、土地家屋調査士法務太郎が申
　　請した本件各区分建物に関する表示に関する登記の申請書を完成させなさい。

　　　ただし、登記の申請は、一の申請情報によって申請し、建物の表題部の変更の
　　登記に係る申請情報を先に記載するものとする。なお、登録免許税の欄について
　　は、登録免許税の納付を要しない場合は「不要」と記載し、敷地権の表示に関す
　　る登記の申請が不要である場合には、「原因及びその日付」欄に「記載不要」と
　　記載すること。

問３　別紙第22問答案用紙の第３欄を用いて、問２の登記申請書に添付する建物図
　　面及び各階平面図を完成させなさい。

問4　仮に【事実関係】とは異なり、土地家屋調査士法務太郎は、本件各区分建物が新築された当時、甲田栄一から、本件各区分建物の表題登記の申請の依頼を受けたとする。次の文は、土地家屋調査士法務太郎が当該表題登記の申請時に提供したと考えられる添付情報と当該添付情報を提供した理由を説明したものである。（　①　）から（　⑤　）までに入る文言を別紙第22問答案用紙の第4欄の該当欄に記載しなさい。

> 　登記申請時に必要な添付情報は、建物図面、各階平面図、所有権を証する情報、住所を証する情報、代理権限を証する情報及び（　①　）があります。
> 　（　①　）が添付情報として必要な理由は、本件各区分建物の【登記記録】に、（　②　）が記録されていないので、専有部分とその専有部分に係る（　③　）とを（　④　）して（　⑤　）することができる旨を定めた（　①　）を、登記申請時に提供しなければならないためです。

（注）1　本問における行為は全て適法に行われており、法律上必要な書類は全て適法に作成されているものとする。
　　　2　登記の申請は、書面申請の方法によってするものとする。
　　　3　建物図面は500分の1の縮尺により、各階平面図は250分の1の縮尺により、それぞれ作成すること。
　　　4　**各階平面図に記載する距離は、小数点以下第2位までを記載し、建物図面に記載する距離は、小数点第1位までを記載すること。**
　　　5　**別紙第22問答案用紙の各欄に記載する文字は字画を明瞭にし、**訂正、加入又は削除をするときは、訂正は訂正すべき字句に線を引き、近接箇所に訂正後の字句を記載し、加入は加入する部分を明示して行い、削除は削除すべき字句に線を引いて、訂正、加入又は削除をしたことが明瞭に分かるように記載すること。ただし、押印や字数を記載することを要しない。

## 【事実関係】

1　A市B町一丁目3番地9に住所を有する甲田栄一は、平成25年に父である甲田栄太から、相続により単独で所有権を取得した本件土地上に、平成27年3月3日、二世帯住宅として本件各区分建物を新築し、本件各区分建物を所有している。本件各区分建物は、図2〔各階平面図〕【工事前】のとおり、世帯ごとに区画された部分について区分建物として登記がされている。

2　甲田栄一は、3番9の2の区分建物に妻と二人で居住しており、甲田栄一の息子である甲田栄佑とその妻は、3番9の1の区分建物に居住している。

3　令和4年に甲田栄佑とその妻の間に子供が生まれたため、甲田栄一は、本件各区分建物について増築及びリフォーム工事（以下「本件工事」という。）を行った。甲田栄一は、本件

工事の代金を全て支払った。

4　本件工事の概要は、以下の(1)から(5)までのとおりであり、これらの番号は図2〔各階平面図〕【工事完了後】中の(1)から(5)までの箇所に施行された工事に対応している。

(1)　外に出ることなく1階と2階を往来できるように、施錠できる木製の扉を付けた（図2〔各階平面図〕【工事完了後】中の(1)木製扉設置に対応した工事）。

(2)　バルコニーとして使用していた部分の一部を増築し、リビングを拡張した（図2〔各階平面図〕【工事完了後】中の(2)リビング拡張工事部分に対応した工事）。なお、増築した部分の構造は、軽量鉄骨造である。

(3)　子供部屋が設けられるように2階の間取りを変更した（図2〔各階平面図〕【工事完了後】中の(3)間取り変更に対応した工事）。

(4)　陸屋根をスレートぶきの勾配屋根に変更した（図2〔各階平面図〕【工事完了後】中の(4)スレートぶき勾配屋根に変更に対応した工事）。

(5)　物置として使用するための屋根裏部屋を設置した（図2〔各階平面図〕【工事完了後】中の(5)屋根裏部屋増築に対応した工事）。

5　本件工事は、令和5年10月6日に完了した。本件工事を請け負った乙山建設株式会社は、同日、甲田栄一に対し、本件工事が完了したことに伴う表示に関する登記に必要となる書類一式を交付するとともに、本件各区分建物を引き渡した。

6　甲田栄一は、本件工事後に必要となる表示に関する登記手続をした。また、甲田栄一は、今後相続が発生した時に備えて、本件各区分建物を区分建物ではない建物とすることを希望している。なお、甲田栄一は、本件各区分建物の登記識別情報を保有している。

〔調査図〕

図1〔建物配置図〕

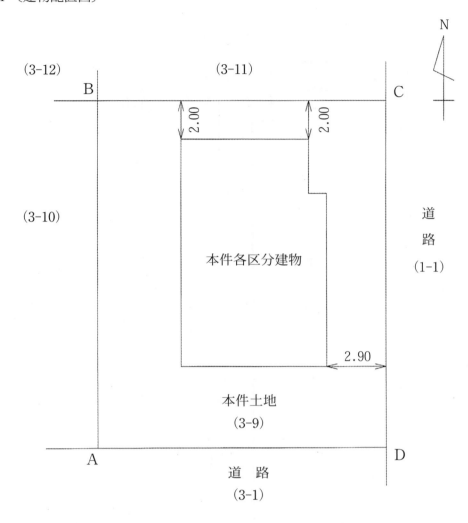

〔座標値一覧表〕

| 点名 | X座標（m） | Y座標（m） |
|---|---|---|
| A | 50.00 | 75.00 |
| B | 68.00 | 75.00 |
| C | 68.00 | 89.50 |
| D | 52.00 | 88.00 |

図2〔各階平面図〕
【工事前】

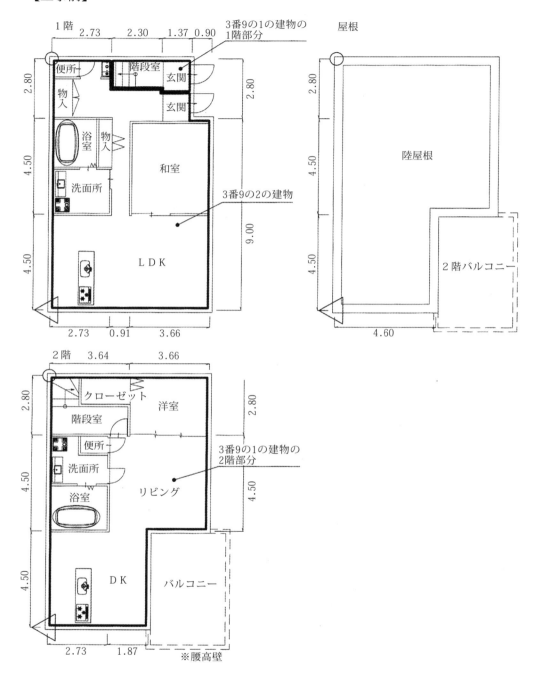

※1階部分及び2階部分において、□□□で囲まれた部分は、本件各区分建物として登記されている専有部分の区画を表す。

36

【工事完了後】

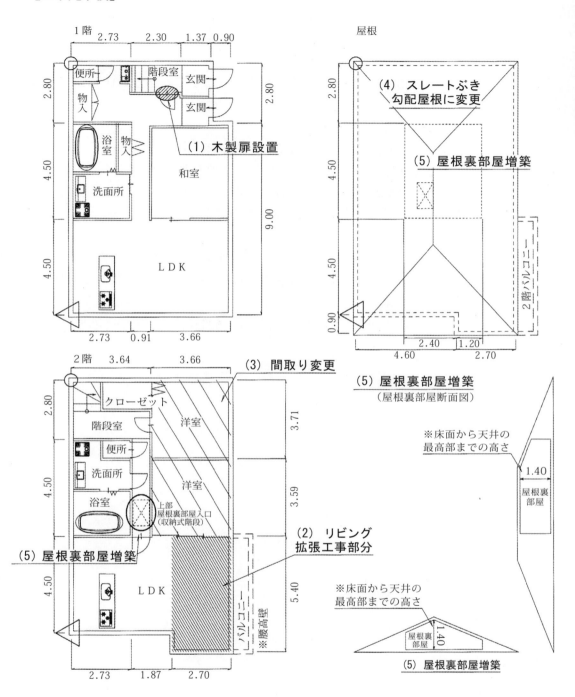

1階
2.73　2.30　1.37　0.90
便所
物入
浴室
物入
洗面所
和室
（1）木製扉設置
階段室
玄関
玄関
LDK
2.80
4.50
9.00
4.50
2.73　0.91　3.66

屋根
（4）スレートぶき
勾配屋根に変更
（5）屋根裏部屋増築
2.80
4.50
4.50
0.90
2階バルコニー
4.60
2.40　1.20
2.70

2階
3.64　3.66
（3）間取り変更
クローゼット
階段室
便所
洗面所
浴室
洋室
洋室
上部
屋根部屋入口
（収納式階段）
（5）屋根裏部屋増築
LDK
（2）リビング
拡張工事部分
バルコニー
※腰高壁
2.80
4.50
4.50
3.71
3.59
5.40
2.73　1.87　2.70

（5）屋根裏部屋増築
（屋根裏部屋断面図）
※床面から天井の
最高部までの高さ
1.40
屋根裏
部屋

※床面から天井の
最高部までの高さ
1.40
屋根裏
部屋
（5）屋根裏部屋増築

（注）　1　距離の単位はメートルである。

2　図1〔建物配置図〕中の数値は、土地の筆界から建物の外壁までの距離を示しており、図2〔各階平面図〕の数値は、鉄骨の柱又は壁の中心間の距離を示している。

3　鉄骨は両側が被覆されており、壁の厚さは全ての部分で0.15メートルである。

4　建物の隅部は、全て直角である。

5　△及び○印は、各階の重なっている部分を示す。

6　図1〔建物配置図〕中の（　）内は、土地の地番を示す。

7　図1〔建物配置図〕中のA、B、C及びDは本件土地の筆界点を示し、筆界点の座標値は、〔座標値一覧表〕のとおりである。

8　北は、X軸の正方向に一致する。

9　図1〔建物配置図〕及び図2〔各階平面図〕【工事前】記載の寸法値は、既に法務局に備え付けられている建物図面及び各階平面図記載の建物の辺長及び敷地からの距離と合致している。

10　図2〔各階平面図〕【工事完了後】は、本件工事完了後の各階平面図である。

**【登記記録】**

| 専有部分の家屋番号 | 3－9－1　3－9－2 | | | | | |
|---|---|---|---|---|---|---|
| 表　題　部（一棟の建物の表示） | | | 調製 | 省略 | 所在図番号 | 余　白 |
| 所　　　在 | A市B町一丁目3番地9 | | | | 余　白 | |
| ①　構　　　造 | | ②　床　面　積　　㎡ | | | 原因及びその日付〔登記の日付〕 | |
| 軽量鉄骨造陸屋根2階建 | | 1階　　　省略<br>2階 | | | 〔平成27年3月13日登記〕 | |

| 表　題　部（専有部分の建物の表示） | | | 不動産番号 | 省略 |
|---|---|---|---|---|
| 家屋番号 | B町一丁目3番9の1 | | 余　白 | |
| ①　種　類 | ②　構　　造 | ③床面積　　㎡ | 余　白 | |
| 居宅 | 軽量鉄骨造2階建 | 1階部分　　4:61<br>2階部分　70:21 | 平成27年3月3日新築<br>〔平成27年3月13日登記〕 | |
| 所　有　者 | A市B町一丁目3番地9　甲　田　栄　一 | | | |

| 権　利　部（甲区）（所有権に関する事項） | | | |
|---|---|---|---|
| 順位番号 | 登　記　の　目　的 | 受付年月日・受付番号 | 権　利　者　そ　の　他　の　事　項 |
| 1 | 所有権保存 | 平成27年4月2日<br>第12346号 | 所有者　A市B町一丁目3番地9<br>甲　田　栄　一 |

＊　下線のあるものは抹消事項であることを示す。
（※乙区に登記は存在しない）

| 専有部分の家屋番号 | 3－9－1　3－9－2 | | | | | |
|---|---|---|---|---|---|---|
| 表　題　部（一棟の建物の表示） | | | 調製 | 省略 | 所在図番号 | 余　白 |
| 所　　　在 | A市B町一丁目3番地9 | | | | 余　白 | |
| ①　構　　　造 | | ②　床　面　積　　㎡ | | | 原因及びその日付〔登記の日付〕 | |
| 軽量鉄骨造陸屋根2階建 | | 1階　　　省略<br>2階 | | | 〔平成27年3月13日登記〕 | |

| 表　題　部（専有部分の建物の表示） | | | 不動産番号 | 省略 |
|---|---|---|---|---|
| 家屋番号 | B町一丁目3番9の2 | | 余　白 | |
| ①　種　類 | ②　構　　造 | ③床面積　　㎡ | 余　白 | |
| 居宅 | 軽量鉄骨造1階建 | 1階部分　74:72 | 平成27年3月3日新築<br>〔平成27年3月13日登記〕 | |
| 所　有　者 | A市B町一丁目3番地9　甲　田　栄　一 | | | |

| 権　利　部（甲区）（所有権に関する事項） | | | |
|---|---|---|---|
| 順位番号 | 登　記　の　目　的 | 受付年月日・受付番号 | 権　利　者　そ　の　他　の　事　項 |
| 1 | 所有権保存 | 平成27年4月2日<br>第12345号 | 所有者　A市B町一丁目3番地9<br>甲　田　栄　一 |

＊　下線のあるものは抹消事項であることを示す。

| 表 題 部（土地の表示） | | 調製 | 余 白 | 不動産番号 | 省略 |
|---|---|---|---|---|---|
| 地図番号 | 余 白 | 筆界特定 | | 余 白 | |
| 所　　　在 | A市B町一丁目 | | | 余 白 | |
| ① 地 番 | ② 地 目 | ③ 地 積　　㎡ | | 原因及びその日付〔登記の日付〕 | |
| 3番9 | 宅地 | 233:00 | | 省略 | |

| 権 利 部（甲区）（所有権に関する事項） | | | |
|---|---|---|---|
| 順位番号 | 登 記 の 目 的 | 受付年月日・受付番号 | 権 利 者 そ の 他 の 事 項 |
| 1 | 所有権移転 | 省略 | 省略 |
| 2 | 所有権移転 | 平成25年　省略 | 原因　平成25年（省略）相続<br>所有者　A市B町一丁目3番地9<br>甲　田　栄　一 |

＊　下線のあるものは抹消事項であることを示す。
　　（※乙区に登記は存在しない）

40

〔記入例〕

| 受験地 | 東　京 |
|---|---|
| 受験番号 | ３６ |
| 氏　名 | 民事二子 |

左の者が受験者の場合の記入例は、下記のとおりとなります。

【多肢択一式答案用紙】

| 受　験　地 |
|---|
| **東　京** |

| 十の位 | 一の位 |
|---|---|
| 0 | 1 |
| ● | ⓪ |
|  | ● |
|  | ② |
|  | ③ |
|  | ④ |
|  | ⑤ |
|  | ⑥ |
|  | ⑦ |
|  | ⑧ |
|  | ⑨ |

| 受　験　番　号 | | | |
|---|---|---|---|
| 千の位 | 百の位 | 十の位 | 一の位 |
|  |  | 3 | 6 |
| ⓪ | ⓪ | ⓪ | ⓪ |
| ① | ① | ① | ① |
| ② | ② | ② | ② |
| ③ | ③ | ● | ③ |
| ④ | ④ | ④ | ④ |
| ⑤ | ⑤ | ⑤ | ⑤ |
| ⑥ | ⑥ | ⑥ | ● |
| ⑦ | ⑦ | ⑦ | ⑦ |
| ⑧ | ⑧ | ⑧ | ⑧ |
| ⑨ | ⑨ | ⑨ | ⑨ |

| 氏　　　　　名 |
|---|
| **民事　二子** |

（この欄記入不要）

| 試験区分 | ● ② |
|---|---|

受験地コード番号表

| 01 | 02 | 03 | 04 | 05 | 06 | 07 | 08 | 09 |
|---|---|---|---|---|---|---|---|---|
| 東　京 | 大　阪 | 名古屋 | 広　島 | 福　岡 | 那　覇 | 仙　台 | 札　幌 | 高　松 |

【記述式答案用紙】

| 受　験　地 |
|---|
| **東京** |
| 受験番号 |
| **36** |
| 氏　　名 |
| **民事　二子** |

※　本試験問題最終頁の記入例を再現したものです。

# 令和5年度本試験　解答・解説編

■択一式　解答・解説
■記述式　模範解答・解説

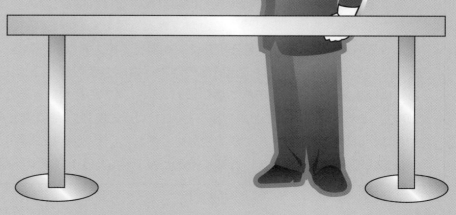

※★★★：難易度　高、★★☆：難易度　中、★☆☆：難易度　低

**第1問**　　　　　　　　　　　　　　　　　　　　　　　　難易度 ★☆☆

　本問は、無効と取消しに関する条文の理解を問う問題である。

**ア　正しい。** 無効とは、法律行為が、その当初から、当事者の意思表示の内容に従った法律上の効果を生じないことをいう。例えば、売買契約の効力として、売主が目的物の引渡義務を負い、買主が代金の支払義務を負うところ、当該売買契約が無効であるときは、これらの義務は初めからなかったこととなる。この点につき、法律行為の当事者が意思表示をした時に意思能力を有しなかったときは、その法律行為は、無効とするとされている（民3条の2）。したがって、買主が売買契約を締結した当時に意思能力を有しなかったために当該契約が無効とされる場合には、売主は、買主に対し、当該契約に基づく目的物の引渡義務を負わない。よって、本肢の記述は正しい。

**イ　誤り。** 無効な行為は、追認によっても、その効力を生じない（民119条本文）。ただし、当事者がその行為の無効であることを知って追認をしたときは、新たな行為をしたものとみなす（民119条ただし書）。したがって、売買契約が虚偽表示により無効である場合において、売主及び買主がそれぞれ無効であることを知って追認したときは、新たな売買契約をしたものとみなされる。すなわち、契約が初めから有効であったものとみなされるのではない。よって、本肢の記述は誤りである。

**ウ　正しい。** 取消しとは、瑕疵のある意思表示又は法律行為について、取消権者の主張により、その効力を当初にさかのぼって失わせることをいう。取り消された行為は、初めから無効であったものとみなす（民121条）。瑕疵のある意思表示に該当するものとして、詐欺又は強迫による意思表示は、取り消すことができるとされている（民96条1項）。したがって、買主が強迫を理由として売買契約を取り消したときは、当該契約は、初めから無効であったものとみなされる。よって、本肢の記述は正しい。

**エ　誤り。** 未成年者が法律行為をするには、それが単に権利を得、又は義務を免れる法律行為である場合を除き、その法定代理人の同意を得なければならない（民5条1項）。この規定に反する法律行為は、取り消すことができる（民5条2項）。このような、行為能力の制限によって取り消すことができる行為は、制限行為能力者（他の制限行為能力者の法定代理人としてした行為にあっては、当該他の制限行為能力者を含む。）又はその代理人、承継人若しくは同意をすることができる者に限り、取り消すことができるとされている（民120条1項）。また、取り消すことができる行為は、民法第120条に規定する取消権者が追認したときは、以後、取り消すことができないとされている（民122条）。したがって、未成年者が法定代理人の同意を得なければすることができない契約をその同意を得ることなく締結し

た場合において、当該法定代理人が当該契約を追認したときは、当該未成年者本人は、法定の期間内に相手方に対して意思表示をすることによっても、当該契約を取り消すことができない。よって、本肢の記述は誤りである。

　なお、「取消し及び追認の方法」に関する規定として、取り消すことができる行為の相手方が確定している場合には、その取消し又は追認は、相手方に対する意思表示によってするものとされている（民123条）。

**オ　誤り。** 取消権は、追認をすることができる時から5年間行使しないとき、又は、行為の時から20年を経過したときは、時効によって消滅する（民126条）。この点につき、取消しの原因となっていた状況が消滅していることや、取消権者が取消権を有することを知っていることは、時効の要件とされていない。したがって、取消権は、取消しの原因となっていた状況が消滅し、かつ、取消権者が取消権を有することを知った後でなければ、時効によって消滅することはないとする本肢の記述は誤りである。

　なお、「追認の要件」に関する規定として、取り消すことができる行為の追認は、取消しの原因となっていた状況が消滅し、かつ、取消権を有することを知った後にしなければ、その効力を生じないとされている（民124条1項）。

**以上により、正しいものはア、ウであるから、正解は2となる。**

正解　2

### 第2問

難易度　★☆☆

　本問は、物権的請求権に関する判例の理解を問う問題である。

　物権は、特定の物を直接・排他的に支配して利益を享受することができる権利であるから、その支配が侵害されたときは、その侵害を除去することが許される。その根拠を物権的請求権という。すなわち、物権的請求権とは、物権の円満な状態が侵害されたときに、この侵害者に対してその侵害の排除を請求する権利をいい、妨害排除請求権、妨害予防請求権、返還請求権に分けられる。

**ア　正しい。** 物権の設定及び移転は、当事者の意思表示のみによって、その効力を生ずる（民176条）。売買における目的物の所有権移転の効力について判例は、「売主の所有に属する特定物を目的とする売買においては、所有権の移転が将来なされるべき約旨に出たものでない限り、買主に対し直ちに所有権移転の効力を生ずる。売主の目的物引渡義務と買主の代金支払義務とが同時履行の関係にある場合でも、目的物の所有権自体の移転が代金の支払又は登記と同時になされるべき約旨でないときは同様である。」としている（最判昭33.6.20）。したがって、Aが甲土地の所有者Bから甲土地を買った場合において、AB間の売買契約上、甲土地の所有権の移転時期に関する特約がないときは、Aは、当該契約締結後直ちに、Bに対して所有権に基づき甲土地の引渡しを請求することができる。よって、本肢の記述は正しい。

**イ　誤り。** 物権的請求権に関して民法は、占有権における占有訴権のみ明文の規定を設けてい

るが、占有権以外の物権についても、物権的請求権が認められる。例えば、不動産の所有者は、その不動産を不法に占有する者に対し、所有権に基づく返還請求権を有する。この場合において、所有者がその所有権の取得について登記を備えていることを要するか否かについては、相手方が民法第177条にいう第三者に該当するか否かによって結論が異なる。不動産に関する物権の得喪及び変更は、不動産登記法その他の登記に関する法律の定めるところに従いその登記をしなければ、第三者に対抗することができない（民177条）。ここでいう第三者に該当しない場合について判例は、「無権限で他人の不動産を占有する者は、民法第177条にいう第三者に該当せず、所有権者は、不法占有者に対して登記がなくても所有権の取得を対抗することができる。」としている（最判昭25.12.19）。すなわち、不法占有者に対しては、所有権の登記がされていなくても、所有権に基づく返還請求権を行使することができる。したがって、Aが甲土地の所有者Bから甲土地を買った場合において、甲土地について、BからAへの所有権の移転の登記がされていないときであっても、Aは、甲土地を占有する無権利者Cに対して甲土地の明渡しを請求することができる。よって、本肢の記述は誤りである。

ウ　誤り。占有補助者とは、他人（占有者）の指示に従いその手足となって物を所有することにより、その他人の占有を補助するにすぎないと認められる者をいう。例えば、建物の賃借人が妻子と同居している場合の当該妻子や、雇用主が賃借した建物に使用人が同居している場合の当該使用人は、占有補助者に該当する。占有補助者が占有者と同等の不法行為責任を負うか否かについて判例は、「建物賃借人の使用人がその家屋に同居する場合、使用人が雇主と対等の地位において共同してその居住家屋を占有しているものといえるためには、他に特段の事情があることを要し、ただ単に使用人としてその家屋に居住するにすぎない場合は、独立の占有をなすものではなく、家屋の不法占有について、雇主と共同して不法行為責任を負うものではない。」としている（最判昭35.4.7）。このことから、所有権に基づく返還請求権は、占有者に対して行使することができるが、占有補助者に対して行使することはできない。したがって、Aが甲土地を所有し、その旨の登記がされている場合において、無権利者Bが甲土地上に乙建物を建て、占有補助者であるCと共に居住しているときは、Cを建物から退去させるためには、Aは、Bに対し、Cと共に乙建物から退去して甲土地を明け渡すことを請求しなければならず、すなわち、Cに対し請求しなければならないのではない。よって、本肢の記述は誤りである。

エ　正しい。共有物については、変更行為をするには共有者の全員の同意を要し（民251条1項）、管理行為をするには共有者の持分の価格に従った過半数の同意を要する（民252条1項）。一方、保存行為は各共有者が単独ですることができるとされている（同条5項）。この保存行為に当たる事例として、判例は「共有土地の不法占拠者に対する所有権に基づく土地の明渡請求は、保存行為といえるから、各共有者は単独で目的物を自己に返還するよう請求することができる。」としている（大判大10.6.13）。また、「共有物に妨害をなすものがあれば、それが第三者であろうと、共有者の一人であろうと、各共有者は、単独でその廃

除を請求することができる。」としている（大判大7.4.19）。したがって、A及びBが甲土地を共有している場合において、無権利者Cが甲土地に産業廃棄物を不法投棄したときは、Aは、単独で、Cに対して当該産業廃棄物を撤去するよう請求することができる。よって、本肢の記述は正しい。

オ　**誤り。**物権的請求権のうち所有権に基づくものの消滅時効について判例は、「所有権は消滅時効の対象とならないので、所有権に基づく物権的請求権も消滅時効にかからない。」としている（大判大5.6.23）。したがって、所有権が時効によって消滅することはないが、所有権に基づく返還請求権は時効によって消滅するとする本肢の記述は、誤りである。

　　なお、債権は、債権者が権利を行使することができることを知った時から5年間行使しないとき、又は権利を行使することができる時から10年間行使しないときは、時効によって消滅する（民166条1項）。また、債権又は所有権以外の財産権は、権利を行使することができる時から20年間行使しないときは、時効によって消滅する（民166条2項）。すなわち、所有権は、時効によって消滅しない。

**以上により、正しいものはア、エであるから、正解は1となる。**

正解　1

---

**第3問**

難易度　★★☆

　本問は、遺言に関する判例の理解を問う問題である。

ア　**誤り。**自筆証書によって遺言をするには、遺言者が、その全文、日付及び氏名を自書し、これに印を押さなければならない（民968条1項）。この点につき、判例は、「遺言の全文、日付及び氏名をカーボン紙を用いて複写の方法で記載したものであっても、カーボン紙を用いることも自書の方法として許されないものではないから、その遺言書は、民法968条1項の自書の要件に欠けることはない。」としている（最判平5.10.19）。したがって、遺言の全文、日付及び氏名がカーボン紙を用いて複写の方法で記載された自筆証書遺言は、有効である。よって、本肢の記述は誤りである。

イ　**正しい。**次に掲げる者は、遺言の証人又は立会人となることができない（民974条各号）。

① 未成年者

② 推定相続人及び受遺者並びにこれらの配偶者及び直系血族

③ 公証人の配偶者、四親等内の親族、書記及び使用人

　　したがって、遺言者の推定相続人は、公正証書遺言の証人となることができない。よって、本肢の記述は正しい。

　　なお、公正証書によって遺言をするには、証人二人以上の立会いを要する（民969条1号）。

ウ　**誤り。**遺言は、二人以上の者が同一の証書ですることができない（民975条）。したがって、夫婦であっても、同一の証書により共同で遺言をすることができない。よって、本肢の記述は誤りである。

エ　**誤り。**遺言者は、遺言で、一人又は数人の遺言執行者を指定し、又はその指定を第三者に

委託することができる（民 1006 条 1 項）。すなわち、遺言執行者の指定は、第三者に委託することができる。よって、本肢の記述は誤りである。

**オ　正しい。** 前の遺言が後の遺言と抵触するときは、その抵触する部分については、後の遺言で前の遺言を撤回したものとみなす（民 1023 条 1 項）。したがって、遺言者が前の遺言と抵触する遺言をしたときは、前の遺言のうち抵触する部分は、後の遺言によって撤回されたものとみなされる。よって、本肢の記述は正しい。

　なお、遺言者は、いつでも、遺言の方式に従って、その遺言の全部又は一部を撤回することができる（民 1022 条）。

**以上により、正しいものはイ、オであるから、正解は4となる。**

正解　4

## 第4問

難易度　★☆☆

本問は、登記官による実地調査権に関する問題である。

**ア　正しい。** 登記官は、表示に関する登記について申請があった場合及び職権で登記をしようとする場合において、必要があると認めるときは、当該不動産の表示に関する事項を調査することができるとされ（法 29 条 1 項）、また、表示に関する登記をする場合には、この規定により、原則として実地調査を行わなければならないとされている（規 93 条本文）。この点につき、判例は、「登記官は、申請者の所有権の存否について実地調査権を行使し得ると解するのが相当である。」としている（福岡高判平元.10.25、他）。したがって、建物の表題登記の申請がされた場合には、登記官は、当該建物の所有者に関する事項について調査することができる。よって、本肢の記述は正しい。

**イ　誤り。** 登記官は、表示に関する登記をする場合には、不動産登記法第 29 条の規定により実地調査を行わなければならない（規 93 条本文）。ただし、申請に係る不動産の調査に関する報告（土地家屋調査士又は土地家屋調査士法人が代理人として登記を申請する場合において、当該土地家屋調査士（土地家屋調査士法人の場合にあっては、その代表者）が作成したものに限る。）その他の申請情報と併せて提供された情報又は公知の事実若しくは登記官が職務上知り得た事実により登記官が実地調査をする必要がないと認めたときは、この限りでないとされている（規 93 条ただし書）。また、所有者の認定に関する実地調査権について判例は、「登記官は、書面審査の結果、所有権の帰属に合理的な疑いを抱く場合において、補充的な実地調査権を行使してその調査をし得るにすぎず、かつ、それ以上の調査すべき義務はない。」としている（東京地判平 6.12.19）。したがって、不動産の表示に関する登記の申請が申請人となるべき者以外の者によってされていると疑うに足りる相当な理由がある場合において、当該申請を却下すべきときは、登記官は、必ずしも当該申請の申請人に対し、その申請の権限の有無を調査しなければならないわけではない。よって、本肢の記述は誤りである。

　なお、登記官は、申請の権限を有しない者の申請による場合には、理由を付した決定で、

48

登記の申請を却下しなければならない（法25条4号）。

**ウ　正しい。** 登記官は、不動産の表示に関する事項の調査をする場合において、必要があると認めるときは、日出から日没までの間に限り、当該不動産を検査し、又は当該不動産の所有者その他の関係者に対し、文書若しくは電磁的記録に記録された事項を法務省令で定める方法により表示したものの提示を求め、若しくは質問をすることができるとされている（法29条2項）。すなわち、土地の表示に関する登記についての実地調査を行う場合には、登記官は、日出から日没までの間に限り、当該実地調査を行うことができる。よって、本肢の記述は正しい。

**エ　誤り。** 登記官は、必要があると認める場合には、登記所の職員に細部の指示を与えて実地調査を行わせて差し支えないとされている（準64条）。したがって、不動産の表示に関する登記の申請があった場合には、登記官は、登記所の職員に当該不動産の実地調査を行わせることができる。よって、本肢の記述は誤りである。

**オ　正しい。** ウ肢の解説参照。不動産の表示に関する登記についての実地調査を行う場合には、登記官は、当該不動産の所有者その他の関係者に対し、文書の提示を求めることができる。よって、本肢の記述は正しい。

**以上により、誤っているものはイ、エであるから、正解は3となる。**

正解　3

## 第5問

難易度　★★☆

本問は、表題部の登記記録等に関する問題である。

**ア　誤り。** 登記官は、換地計画において従前の一個の土地に照応して一個の換地が定められた場合において、換地処分による土地の登記をするときは、従前の土地の登記記録の表題部に、換地の所在する市、区、郡、町、村及び字並びに当該換地の地番、地目及び地積並びに従前の土地の表題部の登記事項を抹消する記号を記録しなければならないとされている（土地区画整理登記規則6条1項）。したがって、土地区画整理事業により従前の1個の土地に照応して1個の換地を定めた換地処分が行われた場合には、当該換地の登記記録として従前の登記記録が使用されるのであり、すなわち、当該換地について表題部の登記記録が新たに作成されるのではない。よって、本肢の記述は誤りである。

**イ　誤り。** 不動産工事の先取特権の保存の登記は、建築工事を行う前に、債権額として工事費用の予算額等を登記するものである。建物の新築工事の先取特権の保存の登記がされたときは、表題部が作成されて新築する建物の表示が記録され、当該表題部の登記原因及びその日付欄には「種類、構造及び床面積は設計書による」と記録される（法86条2項1号、平21. 2.20民二500号第七・一・3）。また、登記記録の甲区に登記義務者の氏名又は名称及び住所並びに不動産工事の先取特権の保存の登記をすることにより登記をする旨が記録される（規161条）。これらは建物の表題登記ではないので、建物が完成したときは、所有者は、その所有権の取得の日から1月以内に、表題登記を申請しなければならない（法47条

１項）。この場合において、建物の表題登記をするときは、登記官は、当該先取特権の保存の登記をした登記記録の表題部に表題登記をし、先に記録されている新築する建物並びに当該建物の種類、構造及び床面積は設計書による旨を抹消する記号を記録しなければならないとされている（規162条１項）。したがって、建物を新築する場合の不動産工事の先取特権の保存の登記がされている建物の建築が完了した場合において、当該建物の表題登記を申請し、当該登記がされるときは、当該先取特権保存の登記がされた登記記録が使用されるのであり、すなわち、当該建物の表題部の登記記録が新たに作成されるのではない。よって、本肢の記述は誤りである。

　　なお、建物を新築する場合における不動産工事の先取特権の保存の登記をした場合において、建物の建築が完了したときは、当該建物の所有者は、遅滞なく、所有権の保存の登記を申請しなければならない（法87条１項）。当該所有権の保存の登記をするときは、甲区において先に記録されている登記義務者の氏名又は名称及び住所並びに不動産工事の先取特権の保存の登記をすることにより登記をする旨を抹消する記号が記録される（規162条２項）。

ウ　**正しい。**甲土地の一部を分筆して、これを乙土地に合筆する場合において、分筆の登記及び合筆の登記をするときは、乙土地の登記記録の表題部に、合筆後の土地の表題部の登記事項、何番の土地の一部を合併した旨及び従前の土地の表題部の登記事項の変更部分を抹消する記号が記録される（規108条１項）。また、甲土地の登記記録の表題部に、残余部分の土地の表題部の登記事項、何番の土地に一部を合併した旨及び従前の土地の表題部の登記事項の変更部分を抹消する記号が記録され、この場合には、不動産登記規則第101条第１項及び第２項の規定は、適用しないとされている（規108条２項）。すなわち、登記官は、甲土地から乙土地を分筆する分筆の登記をするときは、乙土地について新たな登記記録を作成し、当該登記記録の表題部に何番の土地から分筆した旨を記録しなければならないとされるところ（規101条１項）、この規定を適用しないということである。したがって、甲土地の一部を分筆して、これを乙土地に合筆しようとする場合において、分筆の登記及び合筆の登記を一の申請情報により申請し、その旨の登記がされるときは、甲土地から分筆し、乙土地に合筆した土地の表題部の登記記録は作成されない。よって、本肢の記述は正しい。

エ　**誤り。**建物の全部を解体し、その材料の大部分を用いて異なる場所に建物を建築することを移築又は解体移転という（「建物認定４訂版」180頁）。建物を解体移転した場合は、既存の建物が滅失し、新たな建物が建築されたものとして取り扱うものとされているため（準85条１項）、既登記建物について滅失の登記を申請し（法57条）、新たに建築した建物について表題登記を申請しなければならない（法47条１項）。したがって、表題登記のある甲建物を隣接する他の土地上に解体移転した場合において、解体移転後の建物の表題部に関する登記を申請したときは、当該建物の表題部の登記記録が新たに作成されるのであり、すなわち、甲建物の表題部の登記記録に解体及び移転した旨が記録されるのではない。よって、本肢の記述は誤りである。

　　なお、建物の滅失の登記をするときは、当該建物の登記記録の表題部の登記事項を抹消す

る記号が記録され、当該登記記録が閉鎖されるので（規144条1項）、甲建物の登記記録は、滅失の登記により閉鎖されることとなる。

オ　**正しい。**区分建物として表題登記のある甲建物及び乙建物からなる一棟の建物の中間部分を取り壊し、甲建物及び乙建物が区分建物でないそれぞれ別の建物となった場合には、甲建物及び乙建物の表題部所有者又は所有権の登記名義人は、区分建物である建物が区分建物でない建物となったことによる建物の表題部の変更の登記をそれぞれ申請しなければならない（法51条1項）。登記官は、区分合併以外の原因により区分建物である建物が区分建物でない建物となった場合にする表題部の登記事項に関する変更の登記をするときは、当該変更の登記に係る建物について新たに登記記録を作成し、当該登記記録の表題部に不動産登記規則第140条第1項の規定により登記を移記した旨を記録しなければならないとされている（規140条1項・4項）。すなわち、本肢の事例は、これに該当する。したがって、区分建物として表題登記のある甲建物及び乙建物からなる一棟の建物の中間部分を取り壊し、甲建物及び乙建物が区分建物でないそれぞれ別の建物となった場合において、甲建物及び乙建物の表題部に関する登記を申請し、その旨の登記がされるときは、甲建物及び乙建物の表題部の登記記録が新たに作成される。よって、本肢の記述は正しい。

　　なお、この場合には、登記官は、変更前の建物の登記記録の表題部に不動産登記規則第140条第1項の規定により登記を移記した旨及び従前の建物の表題部の登記事項を抹消する記号を記録し、当該登記記録を閉鎖しなければならないとされているので（規140条3項）、従前の区分建物である甲建物及び乙建物の登記記録については閉鎖される。

**以上により、正しいものはウ、オであるから、正解は5となる。**

正解　**5**

### 第6問

　本問は、地図に関する問題である。

ア　**正しい。**地図を作成するための測量は、測量法第二章の規定による基本測量の成果である三角点及び電子基準点、国土調査法第19条第2項の規定により認証され、若しくは同条第5項の規定により指定された基準点又はこれらと同等以上の精度を有すると認められる基準点（以下「基本三角点等」と総称する。）を基礎として行うものとされている（規10条3項）。したがって、地図を作成するための測量は、基本測量の成果である電子基準点を基礎として行うことができる。

イ　**誤り。**地図には、次に掲げる事項を記録するものとされている（規13条1項各号）。

　①　地番区域の名称
　②　地図の番号（当該地図が複数の図郭にまたがって作成されている場合には、当該各図郭の番号）
　③　縮尺
　④　国土調査法施行令第2条第1項第1号に規定する平面直角座標系の番号又は記号

⑤　図郭線及びその座標値

⑥　各土地の区画及び地番

⑦　基本三角点等の位置

⑧　精度区分

⑨　隣接図郭との関係

⑩　作成年月日

　　また、電磁的記録に記録する地図にあっては、これらのほか、各筆界点の座標値を記録するものとされている（規13条2項）。すなわち、基本三角点等の名称及びその座標値については、記録事項とされていない。したがって、電磁的記録に記録された地図には、基本三角点等の位置のみならず、その名称及びその座標値を記録しなければならないとする本肢の記述は誤りである。

ウ　**正しい。**国土調査法において、国土交通大臣、事業所管大臣又は都道府県知事は、国土調査法第19条第2項の規定により国土調査の成果を認証した場合又は同条第5項の規定により指定をした場合においては、地籍調査にあっては当該調査に係る土地の登記の事務をつかさどる登記所に、その他の国土調査にあっては政令で定める台帳を備える者に、それぞれ当該国土調査の成果の写しを送付しなければならないとされている（国土調査法20条1項）。これに照応して不動産登記法では、国土調査法第20条第1項の規定により登記所に送付された地籍図の写しは、同条第2項又は第3項の規定による登記が完了した後に、地図として備え付けることを不適当とする特別の事情がある場合を除き、地図として備え付けるものとされている（規10条5項）。すなわち、ここでいう地籍図とは、国土調査法第19条第2項の認証を受けた国土調査の成果のほか、国土調査の成果と同一の効果があるものとして同条第5項の指定を受けた国土調査以外の成果が該当する。したがって、土地家屋調査士が作成した測量成果である実測図であって、国土調査法第19条第5項の指定を受け、登記所に送付されるものについては、不適当とする特別の事情がある場合を除き、これを地図として登記所に備え付けることができる。よって、本肢の記述は正しい。

エ　**誤り。**何人も、登記官に対し、手数料を納付して、地図、建物所在図又は地図に準ずる図面（以下「地図等」という。）の全部又は一部の写し（地図等が電磁的記録に記録されているときは、当該記録された情報の内容を証明した書面）の交付を請求することができる（法120条1項）。登記官は、地図等が電磁的記録に記録されている場合において、当該記録された地図等の内容を証明した書面を作成するときは、電磁的記録に記録されている地図等を書面に出力し、これに地図等に記録されている内容を証明した書面である旨の認証文を付した上で、作成の年月日及び職氏名を記載し、職印を押印しなければならない（規200条2項）。当該認証文については、電磁的記録に記録され、かつ、閉鎖された地図等の内容を証明した書面にあっては、「これは閉鎖された地図（建物所在図又は地図に準ずる図面）に記録されている内容を証明した書面である。」という認証文を付すものとされている（準136条1項10号）。すなわち、電磁的記録に記録され、かつ、閉鎖された地図等についても、その内容

を証明した書面が交付される。したがって、新たに地図が備え付けられたことにより、電磁的記録に記録されている地図に準ずる図面が閉鎖された場合には、当該地図に準ずる図面の情報の内容を証明した書面の交付を請求することができる。よって、本肢の記述は誤りである。

なお、地図に準ずる図面は、地図が備えられるまでの間、これに代えて備え付けられるものである（法14条4項）。したがって、地図が備え付けられた場合には、その区域について備え付けられていた地図に準ずる図面は閉鎖されるが（規12条4項）、閉鎖後も永久に保存される（規28条2号）。

オ　**誤り。** 地図に表示された土地の区画又は地番に誤りがあるときは、当該土地の表題部所有者若しくは所有権の登記名義人又はこれらの相続人その他の一般承継人は、その訂正の申出をすることができる（規16条1項）。この場合において、当該土地の登記記録の地積に錯誤があるときは、その申出は、地積に関する更正の登記の申請と併せてしなければならない（規16条2項）。ここで、地積に錯誤があるか否かの判断基準が問題となるが、土地の表示に関する登記の申請情報の内容とした地積と登記官の実地調査の結果による地積との差が、申請情報の内容とした地積を基準にして不動産登記規則第77条第5項の規定による地積測量図の誤差の限度内であるときは、申請情報の内容とした地積を相当と認めて差し支えないとされているため（準70条）、これに該当する場合においては、地積の更正の登記の申請は必要ないといえる（参考文献／「新基本法コンメンタール第2版不動産登記法」131頁／日本評論社刊／鎌田薫・寺田逸郎・村松秀樹編）。したがって、地図に表示された土地の区画に誤りがあることによる地図の訂正の申出をする場合において、当該申出の際に添付する地積測量図に記録された地積と当該土地の登記記録上の地積との差が公差の範囲内であるときは、当該申出は、地積に関する更正の登記の申請と併せてすることを要しない。よって、本肢の記述は誤りである。

なお、地図に表示された土地の区画に誤りがある場合において、その訂正の申出をするときは、地図訂正申出情報（規16条3項）と併せて、土地所在図又は地積測量図を提供しなければならない（規16条5項2号）。

**以上により、正しいものはア、ウであるから、正解は2となる。**

正解　**2**

## 第7問

難易度　★☆☆

本問は、土地の表題登記に関する問題である。

ア　**正しい。** 土地の表題登記を申請するときは、添付情報として表題部所有者となる者が所有権を有することを証する情報を提供しなければならない（令別表4項添付情報欄ハ）。当該表題部所有者となる者の所有権を証する情報は、公有水面埋立法第22条の規定による竣功認可書、官庁又は公署の証明書その他申請人の所有権の取得を証するに足りる情報とされている（準71条1項）。したがって、公有水面埋立法に基づく埋立工事が竣功した土地の表

題登記を申請する場合には、所有権を証する情報として公有水面埋立法の規定による竣功認可書を提供することができる。

　なお、公有水面埋立法の規定に基づく埋立工事が竣功したときは、埋立の免許を受けた者が都道府県知事に竣功認可を申請し（公有水面埋立法22条1項）、申請を受けた都道府県知事は、竣功認可の告示をする（同法同条2項）。竣功認可の告示があったときは、当該埋立の免許を受けた者は、その告示の日において埋立地の所有権を取得する（同法24条1項）。

**イ　誤り。**登記の申請をする場合には、申請情報の内容として登記原因及びその日付を提供しなければならない（令3条6号）。土地の表題登記の登記原因及びその日付は、「年月日公有水面埋立」のように土地が物理的に生じた原因及びその日付を提供する。また、従来から存する未登記の土地の表題登記を申請する場合において、土地の生じた原因が不明である場合は、「不詳」とする（平21.2.20民二500号第一・一・1・2）。これに対して、「売払」は土地が生じた原因ではないので、土地の表題登記の登記原因とはならない。したがって、国が所有する表題登記がない土地の売払を受けた者が、当該土地の表題登記を申請する場合には、当該表題登記の登記原因を「国有財産売払」として申請することはできない。よって、本肢の記述は誤りである。

**ウ　誤り。**新たに生じた土地又は表題登記がない土地の所有権を取得した者は、その所有権の取得の日から一月以内に、表題登記を申請しなければならないとされている（法36条）。所有者に申請義務を課しているのは、反面、所有者に独占的に申請権限を付与したものと考えられ、土地の申請義務が発生しながら、その義務が履行されないうちに所有者が変更した場合には、新所有者に申請義務が生じ、旧所有者の申請義務はなくなる（参考文献／「新基本法コンメンタール第2版不動産登記法」126頁／日本評論社刊／鎌田薫・寺田逸郎・村松秀樹編）。したがって、Aが表題登記がない土地の所有権を原始取得した場合において、Aが当該土地の表題登記を申請する前に、当該土地をBに売却したときは、Aは、当該土地の表題登記を申請することができない。よって、本肢の記述は誤りである。

**エ　正しい。**土地区画整理事業の施行者は、換地処分による登記を申請する場合において必要があるときは、表題登記がない従前の土地について、その所有者に代位して、表題登記の申請をすることができる（土地区画整理登記令2条1号）。したがって、土地区画整理事業区域内で仮換地が指定された表題登記がない従前の土地について換地処分による登記を申請する場合において、必要があるときは、土地区画整理事業を施行する者は、当該従前の土地の所有者に代位して、土地の表題登記を申請することができる。よって、本肢の記述は正しい。

**オ　正しい。**土地の表題登記を申請するときは、添付情報として表題部所有者となる者が所有権を有することを証する情報を提供しなければならない（令別表4項添付情報欄ハ）。ただし、国又は地方公共団体の所有する不動産について、官庁又は公署が表題登記を嘱託する場合には、所有権を有することを証する情報の提供を便宜省略して差し支えないとされている（準71条2項）。したがって、地方公共団体の所有する土地について、当該地方公共団体が土地の表題登記を嘱託する場合には、所有権を証する情報の提供を省略することができる。よっ

て、本肢の記述は正しい。

**以上により、誤っているものはイ、ウであるから、正解は3となる。**

正解 **3**

## 第8問

本問は、地目の認定に関する問題である。

**ア　正しい。** 学校の校舎、附属施設の敷地及び運動場の地目は、学校用地である（準68条4号）。幼稚園は、学校教育法が規定する学校の範囲に含まれるので、幼稚園の園舎の敷地は、学校用地である（学校教育法1条、「地目認定」82頁）。したがって、学校教育法の規定により設置された幼稚園の園舎の敷地である土地の地目は、学校用地とする。よって、本肢の記述は正しい。

**イ　誤り。** 高圧線の下の土地で他の目的に使用することができない区域は、雑種地とする（準69条13号、「地目認定」250頁）。すなわち、高圧線の下の土地であっても、他の目的に使用されているものは、その用途により地目を認定する。建物の敷地及びその維持若しくは効用を果すために必要な土地は、宅地である（準68条3号）。したがって、高圧線の下にある建物の敷地である土地の地目は、宅地とする。よって、本肢の記述は誤りである。

なお、雑種地とは、ある特定の目的の下に利用されてはいるものの、不動産登記規則第99条及び不動産登記事務取扱手続準則第68条第1号ないし第22号に定められた特定の地目のどれにも該当しない土地の地目をいう（「地目認定」255頁、準68条23号）。

**ウ　正しい。** 水力発電のための水路又は排水路は、雑種地とする（準69条5号、「地目認定」246頁）。したがって、水力発電のためにのみ使用される排水路の地目は、雑種地とする。よって、本肢の記述は正しい。

**エ　誤り。** 家畜を放牧する土地の地目は、牧場である（準68条10号）。牧畜のために使用する建物の敷地、牧草栽培地及び林地等で牧場地域内にあるものは、すべて牧場とする（準69条4号、「地目認定」124頁）。したがって、牧場地域内にある牧畜のために使用する牧草栽培地である土地の地目は、牧場とする。よって、本肢の記述は誤りである。

なお、畑とは、農耕地で用水を利用しないで耕作する土地の地目である（準68条2号）。

**オ　誤り。** 人の遺体又は遺骨を埋葬する土地の地目は、墓地である（準68条12号、「地目認定」138頁）。したがって、人の遺体又は遺骨を埋葬する規模の大きな墓地の地目は、墓地とする。よって、本肢の記述は誤りである。

なお、霊園という地目はない。

**以上により、正しいものはア、ウであるから、正解は1となる。**

正解 **1**

## 第9問

難易度 ★☆☆

本問は、土地の分筆の登記に関する問題である。

ア　誤り。抵当権の登記がある土地の分筆の登記をした（抵当権の登記を転写した）後に、分筆線を誤って申請していたことが判明した場合には、「分筆錯誤」を原因として、分筆前の状態に戻すための、分筆登記の抹消を申請することができる（昭 38.12.28 民甲 3374 号）。したがって、抵当権の設定の登記がされた土地について分筆の登記がされた後は、錯誤を原因とする当該分筆の登記の抹消をすることはできないとする本肢の記述は誤りである。

イ　正しい。所有権の登記以外の権利に関する登記がある土地について分筆の登記をする場合において、当該分筆の登記の申請情報と併せて当該権利に関する登記に係る権利の登記名義人が当該権利を分筆後のいずれかの土地について消滅させることを承諾したことを証する情報が提供されたときは、登記官は、当該承諾に係る土地について当該権利が消滅した旨を登記する（法 40 条）。しかし、本肢のように、分筆の登記において、分筆後のすべての土地について権利を消滅させることを認めた規定はない。したがって、抵当権の設定の登記がされた甲土地から乙土地を分筆する分筆の登記をする場合には、分筆後の甲土地及び乙土地の2筆の土地について、抵当権者が当該抵当権を消滅させることを承諾したことを証する情報が提供されたとしても、登記官は、分筆後の甲土地及び乙土地に係る当該抵当権が消滅した旨の登記をすることはできない。よって、本肢の記述は正しい。

ウ　誤り。土地の分筆の登記は、表題部所有者又は所有権の登記名義人に申請適格があり（法 39 条 1 項）、これらの者について相続その他の一般承継があったときは、被承継人名義のまま、相続人その他の一般承継人から申請することができる（法 30 条、民 896 条）。当該被相続人名義の土地についてする分筆登記の申請は、遺産分割協議書を提供して、当該土地を相続する特定の相続人のみからすることができるとされている（登記研究 325 号）。したがって、甲土地の所有権の登記名義人であるＡが死亡し、その相続人がＢ及びＣである場合において、ＢＣ間で、Ｂが甲土地の所有権を単独で取得することを内容とする遺産分割協議が成立したときは、Ｂは、甲土地の分筆の登記を申請することができる。よって、本肢の記述は誤りである。

エ　誤り。国又は地方公共団体と私人とが共有する土地で、所有権の登記のあるものの分筆の登記については、登録免許税が課せられる（昭 44.10.3 民三 938 号）。したがって、地方公共団体及び私人が所有権の登記名義人である土地について、当該私人が分筆の登記を申請する場合には、登録免許税が課される。よって、本肢の記述は誤りである。

　　なお、所有権の登記がある土地の分筆の登記を申請するときは、分筆後の土地の個数を課税標準として、1筆につき 1,000 円の登録免許税を納付しなければならない（登免法別表第一・一・(十三) イ）。

オ　正しい。甲土地から乙土地を分筆する分筆の登記をする場合において、甲土地の登記記録に筆界特定がされた旨の記録があるときは、これを乙土地の登記記録に転写するものとされている（平 17.12.6 民二 2760 号 163）。したがって、甲土地から乙土地を分筆する分筆の登記をする場合において、甲土地に筆界特定がされた旨の記録があるときは、当該記録は、乙土地の登記記録に転写される。

なお、筆界特定登記官は、筆界特定の手続が終了したときは、遅滞なく、対象土地の所在地を管轄する登記所に筆界特定手続記録を送付しなければならず（規233条1項）、当該筆界特定がされた筆界特定手続記録又は筆界特定書等の写しの送付を受けた登記所の登記官は、対象土地の登記記録に、筆界特定がされた旨を記録しなければならない（規234条、平17.12.6民二2760号162）。

**以上により、正しいものはイ、オであるから、正解は4となる。**

正解 4

### 第10問

難易度 ★★☆

本問は、建物図面及び各階平面図に関する問題である。

**ア　誤り。**電子申請において送信する建物図面及び各階平面図には、作成の年月日並びに申請人及び作成者の氏名又は名称を記録しなければならない（規73条2項）。また、書面である建物図面及び各階平面図には、作成の年月日を記録し、申請人が記名するとともに、その作成者が署名し、又は記名押印しなければならない（規74条2項）。これらに対し、申請人及び作成者の住所を記録しなければならないとする規定はない。したがって、建物図面及び各階平面図には、申請人及び作成者の住所を記録することを要しない。よって、本肢の記述は誤りである。

**イ　正しい。**建物図面は、建物の敷地並びにその1階（区分建物にあっては、その地上の最低階）の位置及び形状を明確にするものでなければならないと規定されているが（規82条1項）、建物が地下のみの建物である場合には、地下1階の形状を朱書するものとされている（準52条1項）。したがって、書面を提出する方法により地下のみの附属建物がある建物の建物図面を提供する場合には、附属建物の地下1階の形状を朱書する。よって、本肢の記述は正しい。

**ウ　誤り。**建物図面又は各階平面図に誤りがあるときは、表題部所有者若しくは所有権の登記名義人又はこれらの相続人その他の一般承継人は、その訂正の申出をすることができる（規88条1項本文）。ただし、表題部の登記事項に関する更正の登記（建物図面又は各階平面図を添付情報とするものに限る。）をすることができる場合は、この限りでないとされている（同ただし書）。したがって、各階平面図の床面積の計算において、不算入とすべき出窓を算入した誤りがある場合には、建物図面又は各階平面図を添付情報とする床面積の更正の登記をすることができるので、表題部所有者若しくは所有権の登記名義人又はこれらの相続人その他の一般承継人は、各階平面図の訂正の申出をすることができない。よって、本肢の記述は誤りである。

**エ　正しい。**建物図面及び各階平面図が登記所に備えられている建物について、附属建物の滅失による表題部の変更の登記を申請する場合には、建物図面及び各階平面図の提供を省略して差し支えないとされている（昭37.10.1民甲2802号）。したがって、建物の表題登記がされ、既に建物図面及び各階平面図が登記所に提出されている建物について、附属建物の

滅失による表題部の変更の登記を申請する場合には、建物図面及び各階平面図の提供を省略することができる。よって、本肢の記述は正しい。

オ　正しい。各階平面図には、縮尺、各階の別、各階の平面の形状、一階の位置、各階ごとの建物の周囲の長さ、床面積及びその求積方法並びに附属建物があるときは主である建物又は附属建物の別及び附属建物の符号を記録しなければならない（規83条1項）。各階平面図に各階の平面の形状を記録する場合において、1階以外の階層を表示するときは、1階の位置を点線をもって表示する（準53条1項）。したがって、2階建の建物の各階平面図を作成する場合において、2階の階層を表示するときは、1階の位置を点線をもって表示する。よって、本肢の記述は正しい。

**以上により、誤っているものはア、ウであるから、正解は1となる。**

正解　1

**第11問**　　　　　　　　　　　　　　　　　　　　　　　　難易度　★★☆

本問は、建物の認定に関する問題である。

ア　誤り。建物の認定に当たっては、例示から類推し、その利用状況等を勘案して判定するものとされている（準77条）。アーケード付街路（公衆用道路上に屋根覆いを施した部分）は、登記することのできる建物として取り扱うことができない（準77条2号エ）。したがって、公衆用道路上に屋根覆いを施したアーケード付街路のうち、その周辺が店舗に囲まれており、かつ、アーケードを有する部分についても、建物として登記することができない。よって、本肢の記述は誤りである。

イ　誤り。登記することができる建物は、屋根及び周壁又はこれらに類するものを有し、土地に定着した建造物であって、その目的とする用途に供し得る状態にあるものでなければならない（規111条）。すなわち、建物は、一定の用途のために人工的に造られるものであるから、その用途に見合った一定規模の生活空間が確保されている必要がある（人貨滞留性）。寺院の山門で、上部が宝物庫として利用されているものは、用途性が認められることから、建物と認定することができる（「建物認定4訂版」113頁）。したがって、上部が倉庫として利用されている寺院の山門であって、当該倉庫部分が周壁を有して外気と分断されているものは、建物として登記することができる。よって、本肢の記述は誤りである。

ウ　正しい。登記することができる建物は、屋根及び周壁又はこれらに類するものを有し、土地に定着した建造物であって、その目的とする用途に供し得る状態にあるものでなければならない（規111条）。屋根及び周壁については、外気分断性を充足するための耐久性が求められ、例えば、構造材として鉄骨が用いられていても、耐久年数が1、2年と短いビニールで覆われているにすぎない建造物は、建物として認定することができないが、国土交通省基準を満たしたテント倉庫用膜材料等や塩化ビニール・コーティングされた特殊シートで覆われた建造物であれば、建物として認定することができる（「建物認定4訂版」70〜74頁）。したがって、主たる部分の構成材料が鉄骨であり、屋根及び周壁が永続性のある膜構造の塩

化ビニールの特殊シートで覆われた建造物は、建物として登記することができる。よって、本肢の記述は正しい。

**エ　正しい。** 登記することができる建物は、屋根及び周壁又はこれらに類するものを有し、土地に定着した建造物であって、その目的とする用途に供し得る状態にあるものでなければならない（規111条）。屋根及び周壁を有する展望台であって地上の階段室入口から連絡しているものは、用途性が認められ、建物と認定することができる（「建物認定4訂版」306頁）。したがって、最上部が屋根及び周壁を有する展望台となっており、当該展望台の下部が鉄筋コンクリートを主たる構成材料として建築された階段室となっている場合には、当該展望台を建物として登記することができる。よって、本肢の記述は正しい。

**オ　誤り。** 屋根及び外壁があり、内部に車を格納する回転式のパーキング機械が設置されているタワー状の立体駐車場は、建物として登記することができる（「建物認定4訂版」307頁）。よって、本肢の記述は誤りである。

**以上により、正しいものはウ、エであるから、正解は4となる。**

**正解　4**

---

**第12問**

本問は、建物の床面積に関する問題である。

**ア　誤り。** 建物の一部が上階まで吹抜になっている場合には、その吹抜の部分は、上階の床面積に算入しない（準82条8号）。したがって、建物の一部が2階から最上階まで吹抜となっている場合には、2階から最上階までの各階の吹抜構造の部分は、建物の床面積に算入しない。よって、1階から最上階まで算入しないとする本肢の記述は誤りである。

**イ　正しい。** 建物の床面積は、各階ごとに壁その他の区画の中心線（区分建物にあっては、壁その他の区画の内側線）で囲まれた部分の水平投影面積により、平方メートルを単位として定め、1平方メートルの100分の1未満の端数は、切り捨てるものとされている（規115条）。壁構造の場合で、各階の壁の厚さが異なるときは、各階ごとに壁の中心線で囲まれた部分の水平投影面積による（昭46.4.16民三238号、「建物認定4訂版」389頁）。したがって、区分建物でない鉄筋コンクリート造の建物について、壁の厚みが各階ごとに異なる場合には、各階ごとに壁の中心線で囲まれた部分の水平投影面積により床面積を算出する。よって、本肢の記述は正しい。

**ウ　誤り。** 区分建物の床面積は、壁その他の区画の内側線で囲まれた部分の水平投影面積により求積する（規115条）。この場合において、本来の壁面より柱部分が内側に突き出て、柱状に凸凹があるときは、柱部分を含めた凸凹状の内側線でなく、柱部分の凸はないものとした壁面のみで囲まれた部分の内側線の水平投影面積により求積する（昭40.2.27民三232号、「建物認定4訂版」374頁）。すなわち、当該ないものとした凸部分は、専有部分の床面積に算入される。したがって、区分建物を内壁で囲まれた部分により床面積を算出する場合において、当該区分建物が鉄筋コンクリート造であって、柱と壁を兼ねている構造の

部分が柱状に凸凹しているときは、その柱状に凸凹している部分は、専有部分の範囲に含めて床面積を算出する。よって、専有部分の範囲から除外して床面積を算出するとする本肢の記述は誤りである。

エ　誤り。ビルの地下にある数個の店舗を区分建物と認定した先例において、「ビル内地下に、一方、又は、二方を壁とし、二方又は三方を鉄のシャッターで仕切った店舗で、営業中はシャッターをあげ、閉店後はおろす形態の数個の店舗は、それぞれ区分所有の目的となる。」とされている（昭42.9.25民甲2454号、「建物認定4訂版」143頁・376頁）。すなわち、このような構造の店舗部分は、区分建物の専有部分と認められるということである。したがって、ビル内の地下において、1方向のみを壁構造とし、他の3方向は鉄製のシャッターで仕切られており、営業中はシャッターをあげ、閉店後はシャッターをおろす構造の店舗部分は、区分建物の専有部分の床面積に算入する。よって、本肢の記述は誤りである。

　　なお、地下停車場、地下駐車場及び地下街の建物の床面積は、壁又は柱等により区画された部分の面積により定める。ただし、常時一般に開放されている通路及び階段の部分を除くとされている（準82条4号）。

オ　正しい。階段室、エレベーター室又はこれに準ずるものは、床を有するものとみなして各階の床面積に算入する（準82条6号、「建物認定4訂版」332頁）。ただし、天井の高さ1.5メートル未満の地階及び屋階（特殊階）は、床面積に算入しない（準82条1号本文）。また、天井の高さが1.5メートル以上であっても、単に屋上に出るための階段室の部分や空調設備が設けられている部分であれば、床面積に算入しない（「建物認定4訂版」325頁）。すなわち、天井の高さが1.5メートル以上の屋階であって、建物としての使用目的に供されている部分があるものは、階段室の部分や空調設備が設けられている部分があっても、全体を床面積に算入する。したがって、機械室、冷却装置室及び屋上に出入りするための階段室が設置されている天井高2.5メートルの塔屋について、当該塔屋の一部が、管理事務所及び倉庫として使用されている場合には、管理事務所及び倉庫として使用されていない部分も含めた当該塔屋全体を建物の床面積に算入する。よって、本肢の記述は正しい。

**以上により、正しいものはイ、オであるから、正解は4となる。**

正解　4

## 第13問

難易度　★★★

　本問は、建物の表題登記に関する問題である。

ア　誤り。区分建物の表題登記は、その建物を原始的に取得した者のみに申請義務があるが（法47条1項、昭58.11.10民三6400号第二・一・1）、当該原始取得者について相続その他の一般承継があったときは、相続人その他の一般承継人も、被承継人を表題部所有者とする区分建物の表題登記を申請することができる（法47条2項）。この点につき、会社の吸収合併は、一般承継に当たるので（会社法2条27号）、合併後存続する会社は、合併により消滅する会社が原始取得した区分建物について、当該合併により消滅する会社を表題部所

有者とする区分建物の表題登記を申請することができる。したがって、株式会社Ａ及び株式会社Ｂが区分建物である甲建物の所有権の原始取得者である場合において、甲建物の表題登記を申請する前に、株式会社Ｃが株式会社Ｂを吸収合併したときは、吸収合併存続会社である株式会社Ｃは、表題部所有者を株式会社Ａ及び株式会社Ｂとする甲建物の表題登記を申請することができる。すなわち、株式会社Ｃを表題部所有者とすることはできない。よって、本肢の記述は誤りである。

イ　**正しい。**建物の表示に関する登記を申請するときは、建物の所在する市、区、郡、町、村、字及び土地の地番（区分建物である建物にあっては、当該建物が属する一棟の建物の所在する市、区、郡、町、村、字及び土地の地番）を申請情報の内容としなければならないが（令3条8号イ）、不動産の所在の表示については、地番区域でない字（小字）の記載も必要とされている（昭41. 1. 11民甲229号）。したがって、建物の表題登記の申請情報として建物の所在を提供する場合において、当該建物の登記記録の所在に「甲郡乙町大字丙字丁」と記録されており、地番区域が大字である丙と定められているときであっても、小字である丁の記載を省略することはできない。よって、本肢の記述は正しい。

ウ　**誤り。**区分建物でない建物の表示に関する登記を申請する場合において、建物の名称があるときは、その名称を申請情報の内容としなければならない（令3条8号ニ）。当該建物の名称は、当該建物の登記記録の表題部の所在欄に記録される登記事項である（法44条1項4号、規4条2項、規別表二）。したがって、区分建物でない建物の表題登記の申請をし、建物の名称を申請情報として提供して登記が完了した場合には、当該建物の名称は、当該建物の登記記録の表題部の所在欄に記録される。よって、当該建物の登記記録の表題部の建物の名称欄に記録されるとする本肢の記述は誤りである。

エ　**誤り。**区分建物が属する一棟の建物が新築された場合又は表題登記がない建物に接続して区分建物が新築されて一棟の建物となった場合における当該区分建物についての表題登記の申請は、当該新築された一棟の建物又は当該区分建物が属することとなった一棟の建物に属する他の区分建物についての表題登記の申請と併せてしなければならない（法48条1項）。この申請は、一棟の建物に属する区分建物の全部につき同一の申請情報で申請するほか、一棟の建物に属する区分建物の全部についてその申請がされれば、各別の申請情報によっても差し支えないとされている（昭58.11.10民三6400号第二・一・2）。したがって、数個の区分建物が属する一棟の建物を新築した場合には、その全ての区分建物について、一の申請情報により建物の表題登記を申請しなければならないわけではない。よって、本肢の記述は誤りである。

オ　**正しい。**本肢の記述は、複数の原始取得者が共有する1個の区分建物について表題登記を申請する場合と解される。共有物については、変更行為をするには共有者の全員の同意を要し（民251条1項）、管理行為をするには共有者の持分の価格に従った過半数の同意を要する（民252条1項）。一方、保存行為は各共有者が単独ですることができる（民252条5項）。建物の表題登記は、建物の物理的現況を公示する報告的登記であり、当該建物が共有である

ときは、共有物の保存行為にあたるので、共有者の一人から申請することができる。したがって、区分建物である表題登記のない建物の所有権の原始取得者が複数いる場合において、当該区分建物の表題登記を申請するときは、その原始取得者のうちの一人から当該申請をすることができる。よって、本肢の記述は正しい。

　他方、本肢の記述は、一棟の建物に属する各区分建物の原始取得者であって表題登記をしていない者が複数いる場合と解することもできる。区分建物が属する一棟の建物が新築された場合又は表題登記がない建物に接続して区分建物が新築されて一棟の建物となった場合における当該区分建物についての表題登記の申請は、当該新築された一棟の建物又は当該区分建物が属することとなった一棟の建物に属する他の区分建物についての表題登記の申請と併せてしなければならない（法48条1項）。この場合において、当該区分建物の所有者は、他の区分建物の所有者に代わって、当該他の区分建物についての表題登記を申請することができる（法48条2項）。したがって、この論点によっても、本肢の記述は正しい。

**以上により、正しいものはイ、オであるから、正解は4となる。**

**正解　4**

## 第14問　　　　　　　　　　　　　　　　　　　　　難易度 ★★☆

　本問は、添付情報に関する問題である。

**ア　誤り。** 新築建物の所有者が、敷地について所有権、地上権等の利用権の登記を有していないときであっても、当該建物の表題登記の申請をするに当たって、敷地の利用権を証する情報を提供することを要しないとされている（大阪地判昭58.10.21、令別表12項参照）。したがって、建物の表題登記を申請するに当たって、申請人が建物の敷地を所有していない場合であっても、当該申請人に当該敷地を利用することについて正当な権原があることを証する情報を提供することを要しない。よって、本肢の補助者の解答は誤りである。

**イ　正しい。** 建物の表題登記の申請をする場合には、表題部所有者となる者の所有権を証する情報として、建築請負人の証明情報を提供することができる（令別表12項、準87条1項）。工事施工会社作成の工事完了引渡証明書はこれに該当する。当該書面には、その成立の真実性を担保するために代表者が記名押印し、押印した印鑑に関する証明書を添付しなければならないが、この場合の印鑑証明書につき作成後3月以内であることは求められていない。したがって、建物の表題登記を申請する際に、所有権を証する情報として工事施工会社作成に係る工事完了引渡証明書を提供し、これに当該会社の印鑑に関する証明書を添付した場合には、当該印鑑に関する証明書は、作成後3か月以内のものであることを要しない。よって、本肢の補助者の解答は正しい。

　なお、登記申請において提出する印鑑証明書のうち、次のものは、作成後3月以内でなければならない。

①　所有権の登記がある土地の合筆の登記、建物の合併の登記又は合体による登記等の申請書又は委任状に記名押印した者の印鑑証明書（令16条3項、令18条3項）

② 資格者代理人による本人確認情報に添付する資格者代理人であることを証する情報として提出する「土地家屋調査士会が発行した職印に関する証明書」又は「登記所が発行した印鑑証明書」（準49条3項）

ウ **正しい。** 登記の申請をする場合において、申請人が会社法人等番号を有する法人であるときは、原則として、当該法人の会社法人等番号を添付情報として提供しなければならない（令7条1項1号イ）。ただし、支配人等（支配人その他の法令の規定により法人を代理することができる者であって、その旨の登記がされているものをいう。）によって登記の申請をする場合であって、当該支配人等の権限を証する登記事項証明書を提供するときは、会社法人等番号の提供を要しないとされている（令7条1項1号かっこ書、規36条1項2号）。すなわち、会社法人等番号と当該登記事項証明書の両方を提供する必要はない。したがって、Ａ株式会社の支店の支配人として登記された者が、Ａ株式会社が所有する建物の表題登記の申請に係る申請人となる場合には、Ａ株式会社の会社法人等番号を提供すれば足り、併せて当該支配人の権限を証する情報を提供することを要しない。よって、本肢の補助者の解答は正しい。

エ **正しい。** 建物の表題登記を申請するときは、添付情報として表題部所有者となる者の住所を証する市町村長、登記官その他の公務員が職務上作成した情報（公務員が職務上作成した情報がない場合にあっては、これに代わるべき情報）を提供しなければならないが（令別表12項添付情報欄ニ）、作成後3月以内であることは求められていない。したがって、建物の表題登記を申請する場合には、申請人の住所を証する情報は、作成後3か月以内のものであることを要しない。よって、本肢の補助者の解答は正しい。

オ **誤り。** 建物の合体による登記等を申請するときは、添付情報として表題部所有者となる者の住所を証する市町村長、登記官その他の公務員が職務上作成した情報（公務員が職務上作成した情報がない場合にあっては、これに代わるべき情報）を提供しなければならない（令別表13項添付情報欄ニ）。また、不動産登記法第49条第1項後段の規定により併せて申請をする所有権の登記があるときは、登記名義人となる者の住所を証する市町村長、登記官その他の公務員が職務上作成した情報（公務員が職務上作成した情報がない場合にあっては、これに代わるべき情報）を提供しなければならないとされている（令別表13項添付情報欄リ）。合体前の二以上の建物がいずれも所有権の登記がある建物であるとき（法49条1項5号）は、前者に該当する。しかしながら、合体後の建物についての建物の表題登記をする場合において、合体前の建物に所有権の登記がある建物があるときは、合体後の建物の登記記録の表題部に表題部所有者に関する登記事項を記録することを要せず、甲区に「合体による所有権の登記をする旨」「所有権の登記名義人の氏名又は名称及び住所並びに登記名義人が二人以上であるときは当該所有権の登記名義人ごとの持分」「登記の年月日」を記録するとされていることから（規120条1項・2項）、住所証明情報を提供すべき「表題部所有者となる者」に該当する者について疑義が生じ得る。この点につき、先例では、「合体後の建物の登記用紙中甲区事項欄に、申請書の記載に基づき表題部に記載すべき所有者の住所、氏

名及び合体によってその者の所有権の登記をする旨並びにその登記の年月日を記載して、登記官が押印するものとする。」と表現されており（平5．7．30民三5320号第六・五・(1)）、すなわち、便宜上、所有権の登記名義人として記録されるが、本来は、「表題部所有者となる者」であることを示している。したがって、2棟の建物が合体して1個の建物になったことにより、合体後の建物についての建物の表題登記及び合体前の建物についての建物の表題部の登記の抹消を申請する場合において、合体前の各建物について所有権の登記があるときは、当該各建物の所有権の登記名義人の住所を証する情報を提供しなければならない。よって、本肢の補助者の解答は誤りである。

**以上により、誤っているものはア、オであるから、正解は2となる。**

正解 2

## 第15問
難易度 ★☆☆

本問は、建物の分割の登記に関する問題である。

**ア 誤り。** 効用上一体として利用される状態にある数棟の建物は、所有者の意思に反しない限り、1個の建物として取り扱われるので（準78条1項）、例えば、甲建物に2棟の附属建物がある場合において、当該2棟の附属建物が効用上一体として利用される状態にあるときは、当該2棟の附属建物を分割して乙建物（主である建物とその附属建物）とする登記をすることができる（平21．2．20民二500号第二・四・3）。したがって、甲建物の附属建物として登記されている2棟の建物について、1棟を主である建物とし、残りの1棟をその附属建物とする場合には、その旨の建物の分割の登記を申請することができる。すなわち、甲建物から当該2棟の建物を乙建物と丙建物にそれぞれ分割する建物の分割の登記がされた後に、丙建物を乙建物の附属建物とする建物の合併の登記を申請しなければならないわけではない。よって、本肢の記述は誤りである。

**イ 正しい。** 例えば、甲建物の附属建物として登記されている建物の買主が、その所有権移転の登記をする前に、売主による二重譲渡等の処分行為を禁止させようとする場合には、裁判所に対し処分禁止の仮処分の申立をすることができる。裁判所が申立を認容し、処分禁止の仮処分の決定をしたときは、その執行手続として、裁判所書記官は、登記所に処分禁止の仮処分の登記を嘱託する（民事保全法53条）。ただし、附属建物のみを目的として当該登記をすることができないので、前提として当該附属建物を甲建物から分割して乙建物とする建物の分割の登記が必要となるが、裁判所書記官には、当該建物の分割の登記を嘱託する権限はない。この場合には、当該処分禁止の仮処分命令を得た者が、所有権の登記名義人に代位して、当該建物の分割の登記を申請することができるとされている（民423条、昭27．9．19民甲308号：一筆の土地の一部に対する処分禁止の仮処分命令を得た者が土地の分筆の登記を代位申請する場合につき）。代位により登記を申請するときは、添付情報として代位原因を証する情報を提供しなければならないが（令7条1項3号）、この場合には、当該仮処分命令の正本がこれに当たる。したがって、Aが所有する甲建物の附属建物として

登記されている建物について処分禁止の仮処分命令を得た債権者であるBは、当該仮処分命令の正本を代位原因を証する情報として提供して、Aに代位して、当該建物の分割の登記を申請することができる。

**ウ　正しい。** 建物の分割の登記又は建物の区分の登記を申請する場合において提供する建物図面及び各階平面図には、分割後又は区分後の各建物を表示し、これに符号を付さなければならないとされている（規84条）。したがって、建物の分割の登記を申請する場合において提供する建物図面及び各階平面図には、分割後の各建物を表示し、これに符号を付さなければならない。よって、本肢の記述は正しい。

　なお、建物の分割の登記を申請するときは、当該建物図面及び各階平面図に付した符号を申請情報の内容としなければならない（規34条1項3号）。

**エ　誤り。** 登記官は、甲建物からその附属建物を分割して乙建物とする建物の分割の登記をするときは、乙建物について新たに登記記録を作成し、当該登記記録の表題部に家屋番号何番の建物から分割した旨を記録する（規127条1項）。また、甲建物の登記記録の表題部に、家屋番号何番の建物に分割した旨及び分割した附属建物を抹消する記号を記録する（規127条2項）。この場合において、分割により不動産所在事項に変更が生じたときは、変更後の不動産所在事項、分割により変更した旨及び変更前の不動産所在事項を抹消する記号を記録しなければならないとされている（規127条3項）。しかし、残存する附属建物の符号を変更する旨の規定はない。したがって、甲建物に1から3までの符号が付された附属建物が3棟ある場合において、符号2の附属建物を分割したときは、符号3の附属建物の符号は、符号2に変更されることはない。よって、本肢の記述は誤りである。

　なお、附属建物の符号は、算用数字を用いるものとし、既に使用した数字は再使用しないものとされている（昭37.6.11民甲1559号）。

**オ　誤り。** 甲建物からその附属建物を分割して乙建物とする建物の分割の登記をする場合において、甲建物の登記記録の表題部に不動産登記規則第127条第2項の規定による記録をするときは、原因及びその日付欄に「何番の何に分割」のように記録するものとされている（準96条1項）。家屋番号の定め方に関しては、1筆の土地の上に2個以上の建物が存する場合には、敷地の地番と同一の番号に、1、2、3の支号を付して、例えば、地番が「5番」であるときは「5番の1」、「5番の2」等と、地番が「6番1」であるときは「6番1の1」、「6番1の2」等の例により定めるものとされている（準79条2号）。ただし、家屋番号が敷地の地番と同一である建物の敷地上に存する他の建物を登記する場合には、敷地の地番に2、3の支号を付した番号をもって定めるが、この場合には、最初に登記された建物の家屋番号を必ずしも変更することを要しないとされている（準79条7号）。また、建物の分割又は区分の登記をする場合には、これらに準じて定めるとされている（準79条8号）。したがって、家屋番号5番である甲建物の附属建物を分割して乙建物とする場合には、甲建物の登記記録の附属建物の表示欄の原因及びその日付欄に、「5番の2に分割」と記録される。よって、「5番の1、5番の2に分割」と記録されるとする本肢の記述は誤りである。

なお、乙建物の登記記録の表題部に不動産登記規則第127条第1項の規定による記録をするときは、原因及びその日付欄に「何番から分割」のように記録するものとされているので（準96条2項）、本肢の場合には、「5番から分割」と記録される。

**以上により、正しいものはイ、ウであるから、正解は3となる。**

正解 **3**

## 第16問

難易度 ★☆☆

　本問は、合体による登記等に関する問題である。

**ア　誤り。** 建物が合体した場合において、合体前の建物がいずれも表題登記がない建物であるときは、不動産登記法第47条及び第48条の建物を新築した場合の規定を準用して、建物の表題登記を申請しなければならない（法49条2項）。すなわち、合体による登記等を申請するのではない。したがって、いずれも表題登記がない甲建物及び乙建物が合体して1個の建物となった場合には、当該合体後の建物について表題登記を申請するのみで足りる。よって、合体による登記等を申請する前提で、当該申請と併せて合体前の甲建物及び乙建物の表題登記の申請をしなければならないとする本肢の記述は、誤りである。

　　なお、この場合における表題登記の登記原因及びその日付は、「平成何年何月何日新築、平成何年何月何日新築、平成何年何月何日合体」の振り合いによるとされている（平成5年度首席登記官会同における質疑応答第六・三・18）。

**イ　誤り。** 登記簿上別個独立の二以上の建物が合体して1個の建物となった場合には、合体後の建物についての建物の表題登記及び合体前の建物についての建物の表題部の登記の抹消を申請しなければならない（法49条1項）。この点につき、甲建物の附属建物と乙建物とが合体した場合には、甲建物の附属建物について分割の登記をした後、乙建物と合体による建物の登記をするものとされている（平成5年度首席登記官会同における質疑応答第六・十一・49）。したがって、いずれも区分建物でない甲建物の附属建物と乙建物とが合体した場合には、甲建物の分割の登記をしなければ、合体による登記等を申請することができない。よって、本肢の記述は誤りである。

**ウ　正しい。** いずれも所有権の登記がある建物について合体があったときは、当該合体前の建物の所有権の登記名義人は、合体による登記等を申請しなければならない（法49条1項5号）。この場合において、当該登記名義人について相続その他の一般承継があったときは、相続人その他の一般承継人は、被相続人名義のまま、当該合体による登記等を申請することができる（法30条、民896条）。また、合体による登記等は、建物の物理的現況の変更を登記記録に反映させるための報告的登記であり、当該建物が共有であるときは、共有物の保存行為にあたるので、共有者の1人から申請することができる（民252条5項）。以上から、相続人が数人であるときは、そのうちの1人から申請することができる。したがって、Aが所有権の登記名義人である甲建物及び乙建物が合体して丙建物となった後に、Aが死亡し、その相続人がB及びCである場合には、Bは、単独で、合体による登記等を申請することが

できる。よって、本肢の記述は正しい。

**エ　誤り。**区分建物でない建物が区分建物となったことによる建物の表題部の変更の登記に関する規定として、いずれも表題登記がある二以上の建物（区分建物を除く。）が増築その他の工事により相互に接続して区分建物になった場合における当該表題登記がある二以上の建物についての表題部の変更の登記の申請は、一括してしなければならないとされている（法52条3項）。したがって、Aが表題部所有者として記録されている区分建物でない甲建物とBが表題部所有者として記録されている区分建物でない乙建物とが増築により合体し、合体後の建物が一棟の建物に属する2個の区分建物としての要件を備えた場合において、当該合体後の建物について、A及びBが区分所有の意思を示したときは、これに該当し、甲建物及び乙建物について区分建物となったことによる建物の表題部の変更の登記を申請することができる。すなわち、合体による登記等を申請しなければならないわけではない。よって、本肢の記述は誤りである。

**オ　正しい。**合体前の建物の所有権の登記名義人の住所に変更があった場合でも、合体による登記等の申請の前提として、所有権の登記名義人の住所の変更の登記をする必要はなく、この場合には、合体による登記等の申請情報と併せて当該登記名義人の住所に変更があったことを証する情報を提供すれば足りるとされている（平成5年度首席登記官会同における質疑応答第六・一・2）。したがって、合体前の建物に記録されている所有権の登記名義人の住所が現在の住所と異なる場合には、当該所有権の登記名義人の住所の変更の登記を申請することなく、当該建物について合体による登記等を申請することができる。よって、本肢の記述は正しい。

**以上により、正しいものはウ、オであるから、正解は5となる。**

正解 | 5

## 第17問

本問は、共有部分である旨の登記又は団地共用部分である旨の登記に関する問題である。

**ア　誤り。**共用部分である旨の登記とは、専有部分とすることができる建物の部分又は附属の建物について、区分所有者の規約により共用部分とした旨を第三者に対抗するための登記である（区分法4条2項）。共用部分である旨の登記は、当該共用部分である旨の登記をする建物の表題部所有者又は所有権の登記名義人に申請適格があるが、申請義務は課せられていない（法58条2項）。したがって、表題登記のある建物について共用部分とする旨の規約を定めた場合には、当該建物の表題部所有者は、当該規約を定めた日から1か月以内に、共用部分である旨の登記を申請しなければならないわけではない。よって、本肢の記述は誤りである。

**イ　正しい。**登記官は、共用部分である旨の登記又は団地共用部分である旨の登記をするときは、所有権の登記がない建物にあっては表題部所有者に関する登記事項を抹消する記号を記録し、所有権の登記がある建物にあっては権利に関する登記の抹消をしなければならないと

されている（規141条）。したがって、所有権の登記がない建物について共用部分である旨の登記がされる場合には、当該建物の表題部所有者に関する登記事項を抹消する記号が記録される。よって、本肢の記述は正しい。

**ウ　正しい。** 建物の表示に関する登記の登記事項について変更があったときは、表題部所有者又は所有権の登記名義人（共用部分である旨の登記又は団地共用部分である旨の登記がある建物の場合にあっては、所有者）は、当該変更があった日から1月以内に、当該登記事項に関する変更の登記を申請しなければならないとされている（法51条1項）。したがって、共用部分である旨の登記がある建物について、当該建物の種類を倉庫から車庫に変更した場合には、規約により共用部分の所有者と定められた者は、当該建物の表題部の変更の登記を申請しなければならない。よって、本肢の記述は正しい。

**エ　正しい。** 共用部分である旨の登記又は団地共用部分である旨の登記がある建物について建物の分割の登記又は建物の区分の登記を申請するときは、当該建物の所有者を証する情報を添付情報として提供しなければならないとされている（令別表16項添付情報欄ロ、準87条2項）。したがって、団地共用部分である旨の登記がある区分建物でない建物について、建物の区分の登記を申請する場合には、当該建物の所有者を証する情報を添付情報として提供しなければならない。よって、本肢の記述は正しい。

**オ　誤り。** 団地共用部分である旨の登記を申請する場合において、団地共用部分を共用すべき者の所有する建物が区分建物でないときは、当該建物の所在する市、区、郡、町、村、字及び土地の地番並びに当該建物の家屋番号を申請情報の内容としなければならない（令3条13号、令別表19項申請情報欄イ）。ただし、当該建物の不動産番号を申請情報の内容としたときは、これらの事項を申請情報の内容とすることを要しないとされている（令6条2項4号）。したがって、団地共用部分を共用すべき者の所有する区分建物でない建物について、団地共用部分である旨の登記を申請する場合において、当該建物の不動産番号を申請情報の内容とするときは、当該建物の家屋番号を申請情報の内容とすることを要しない。よって、本肢の記述は誤りである。

　なお、不動産番号とは、不動産を識別するために必要な事項（令6条1項でいう「不動産識別事項」）として、一筆の土地又は1個の建物ごとに表題部に記録される番号、記号その他の符号をいう（法27条4号、令6条1項、規1条8号、規34条2項、規90条）。

**以上により、誤っているものはア、オであるから、正解は2となる。**

正解　2

## 第18問

難易度　★★☆

　本問は、筆界特定に関する問題である。

**ア　誤り。** 法務局又は地方法務局の長は、筆界調査委員が対象土地又は関係土地その他の土地の測量又は実地調査を行う場合において、必要があると認めるときは、その必要の限度において、筆界調査委員に、他人の土地に立ち入らせることができる（法137条1項）。法務局

又は地方法務局の長は、この規定により筆界調査委員等を他人の土地に立ち入らせようとするときは、あらかじめ、その旨並びにその日時及び場所を当該土地の占有者に通知しなければならない（法137条2項）。ただし、当該占有者が立ち入りについて同意しているとき又は占有者が不明であるときは、通知を要しないとされている（平17.12.6民二2760号99）。したがって、筆界調査委員が実地調査を行うために他人の土地に立ち入る場合において、当該土地の占有者がいないときは、通知を要しない。すなわち、あらかじめ土地の表題部所有者又は所有権登記名義人に通知をしなければならないのではない。よって、本肢の記述は誤りである。

　　なお、筆界調査委員は、対象土地の測量又は実地調査を行うときは、あらかじめ、その旨並びにその日時及び場所を筆界特定の申請人及び関係人に通知して、これに立ち会う機会を与えなければならないとされているので（法136条1項）、関係土地の所有権登記名義人等（法133条1項2号）に対しては、この旨の通知がなされる。

**イ　誤り。** 筆界調査委員は、意見聴取等の期日の後、対象土地の筆界特定のために必要な事実の調査を終了したときは、遅滞なく、筆界特定登記官に対し、対象土地の筆界特定についての意見を提出しなければならないとされている（法142条）。したがって、筆界調査委員は、対象土地の筆界特定のために必要な事実の調査を終了した場合には、筆界特定登記官に対し、対象土地の筆界特定についての意見を提出しなければならない。よって、申請人に対し提出しなければならないとする本肢の記述は誤りである。

**ウ　誤り。** 筆界特定登記官は、不動産登記法第142条の規定により筆界調査委員の意見が提出されたときは、その意見を踏まえ、登記記録、地図又は地図に準ずる図面及び登記簿の附属書類の内容、対象土地及び関係土地の地形、地目、面積及び形状並びに工作物、囲障又は境界標の有無その他の状況及びこれらの設置の経緯その他の事情を総合的に考慮して、対象土地の筆界特定をし、その結論及び理由の要旨を記載した筆界特定書を作成しなければならない（法143条1項）。筆界特定書においては、図面及び図面上の点の現地における位置を示す方法として法務省令で定めるものにより、筆界特定の内容を表示しなければならないとされ（法143条2項）、当該図面（「筆界特定図面」と称される。）は、次に掲げる事項を記録して作成し、かつ、筆界特定の対象となる筆界に係る筆界点の位置のほか、必要に応じ、対象土地の区画又は形状、工作物及び囲障の位置その他の現地における筆界の位置を特定するために参考となる事項を記録するものとされている（規231条4項各号、平17.12.6民二2760号125）。

① 地番区域の名称
② 方位
③ 縮尺
④ 対象土地及び関係土地の地番
⑤ 筆界特定の対象となる筆界又はその位置の範囲
⑥ 筆界特定の対象となる筆界に係る筆界点（筆界の位置の範囲を特定するときは、その範

囲を構成する各点。）間の距離

⑦　境界標があるときは、当該境界標の表示

⑧　測量の年月日

　　すなわち、対象土地の地積は、記録事項とされていない。したがって、対象土地の筆界特定をしたことにより対象土地の地積が算出できる場合であっても、筆界特定の内容を表示した図面に当該土地の地積は記載されない。よって、本肢の記述は誤りである。

　　なお、筆界特定を行った筆界特定登記官は、筆界特定手続記録を管轄登記所に送付する（規233条1項）場合において、対象土地について筆界特定に伴い地積に関する更正の登記又は地図等の訂正をすることが相当と認めるときは、管轄登記所の登記官に、その旨の意見を伝えるものとされ、この場合の意見の伝達は、書面、電話その他の適宜の方法によって差し支えないとされている（平18.1.6民二27号第1）。

エ　正しい。筆界調査委員は、不動産登記法第134条第1項の規定による指定（対象土地の筆界特定のために必要な事実の調査を行うべき筆界調査委員としての指定）を受けたときは、対象土地又は関係土地その他の土地の測量又は実地調査をすること、筆界特定の申請人若しくは関係人又はその他の者からその知っている事実を聴取し又は資料の提出を求めることその他対象土地の筆界特定のために必要な事実の調査をすることができる（法135条1項）。したがって、筆界調査委員が筆界特定のために必要な事実の調査をする場合には、筆界調査委員は、申請人及び関係人以外のその他の者からその知っている事実を聴取し又は資料の提出を求めることができる。よって、本肢の記述は正しい。

オ　正しい。筆界特定の手続における測量に要する費用その他の法務省令で定める費用（「手続費用」という。）は、筆界特定の申請人の負担とする（法146条1項、規242条）。したがって、筆界特定の手続における測量に要する費用は、申請人が負担する。よって、本肢の記述は正しい。

**以上により、正しいものはエ、オであるから、正解は5となる。**

正解　5

## 第19問

　本問は、法定相続情報証明制度に関する問題である。

ア　誤り。代理人によって法定相続情報一覧図の保管及び交付の申出をするときは、申出書に当該代理人の権限を証する書面を添付しなければならない（規247条2項、規247条3項7号）。この点につき、申出人の法定代理人又はその委任による代理人にあってはその親族若しくは戸籍法第10条の2第3項に掲げる者に限るとされており（規247条2項2号）、このうち、戸籍法第10条の2第3項に掲げる者とは、具体的には、弁護士、司法書士、土地家屋調査士、税理士、社会保険労務士、弁理士、海事代理士及び行政書士（各士業法の規定を根拠に設立される法人を含む。）が該当し、いわゆる資格者代理人のことである。また、委任による代理人の場合、代理人の権限を証する書面は、委任状に加え、委任による代理人

それぞれの類型に応じ、次に掲げるものが該当するとされている（平29. 4.17民二292号第2・5・(5)・イ）。

（ア）親族

　申出人との親族関係が分かる戸籍の謄抄本又は記載事項証明書

（イ）戸籍法第10条の2第3項に掲げられる者

　資格者代理人団体所定の身分証明書の写し等

　なお、代理人が各士業法の規定を根拠に設立される法人の場合は、当該法人の登記事項証明書

　したがって、委任を受けた土地家屋調査士が、法定相続情報一覧図の写しの交付の申出をする場合には、代理人の権限を証する書面として、委任状に加え、土地家屋調査士会所定の身分証明書の写し等を添付しなければならない。よって、本肢の記述は誤りである。

イ　**正しい。**法定相続情報一覧図の保管及び一覧図の写しの交付の申出は、被相続人の本籍地若しくは最後の住所地、申出人の住所地又は被相続人を表題部所有者若しくは所有権の登記名義人とする不動産の所在地を管轄する登記所の登記官に対してすることができるとされている（規247条1項）。したがって、法定相続情報一覧図の保管の申出は、申出人の住所地を管轄する登記所に申出をすることができる。

ウ　**誤り。**法定相続情報一覧図の保管及び交付の申出書に添付する法定相続情報一覧図とは、法定相続情報を記載した書面をいい、法定相続情報とは、以下のものをいう（規247条1項各号）。

　一　被相続人の氏名、生年月日、最後の住所及び死亡の年月日

　二　相続開始の時における同順位の相続人の氏名、生年月日及び被相続人との続柄

　これに対し、相続人の住所の記載については、任意である（平29. 4.17民二292号第2・3・(3)・カ）。したがって、法定相続情報一覧図の保管の申出をする際に申出書に添付する法定相続情報一覧図には、相続開始の時における同順位の相続人の住所を記載しなければならないわけではない。よって、本肢の記述は誤りである。

　なお、法定相続情報一覧図に相続人の住所を記載したときは、申出書にその住所を証する書面を添付しなければならないが（規247条4項）、相続人の住所の記載がない場合は、相続人の住所を証する書面の添付は要しない（平29. 4.17民二292号第2・6）。

エ　**誤り。**法定相続情報一覧図の保管及び交付の申出は、所要の事項を内容とする申出書を登記所に提供してしなければならない（規247条2項柱書）。申出書には、被相続人を表題部所有者又は所有権の登記名義人とする不動産があるときは、不動産所在事項又は不動産番号を記載することとされている（規247条2項5号）。すなわち、被相続人を表題部所有者又は所有権の登記名義人とする不動産がない場合にも、申出をすることができる。したがって、法定相続情報一覧図の保管の申出をするには、被相続人が不動産の表題部所有者又は所有権の登記名義人として登記されていることを要しない。よって、本肢の記述は誤りである。

オ　**正しい。**不動産登記規則第247条各項の規定（第3項第1号から第5号まで及び第4項

を除く。）は、法定相続情報一覧図の保管及び交付の申出をした者がその申出に係る登記所の登記官に対し法定相続情報一覧図の写しの再交付の申出をする場合について準用するとされている（規247条7項）。すなわち、法定相続情報一覧図の写しの再交付の申出は、当該法定相続情報一覧図の保管の申出をした申出人のみがすることができる。よって、本肢の記述は正しい。

　なお、登記官は、一覧図の写しの再交付の申出があったときは、再交付申出書に添付された申出人の氏名及び住所が記載されている市町村長その他の公務員が職務上作成した証明書等と当初の申出において提供された申出書に記載された申出人の表示とを確認し、その者が一覧図の写しの再交付の申出をすることができる者であることを確認するものとされている（平29.4.17民二292号第2・8・(3)）。

**以上により、正しいものはイ、オであるから、正解は3となる。**

正解　3

**第20問**

難易度　★★☆

　本問は、土地家屋調査士又は土地家屋調査士法人に関する問題である。

**ア　正しい。**土地家屋調査士が次のいずれかに該当する場合には、土地家屋調査士会連合会は、その登録を取り消さなければならない（調査士法15条1項各号）。

①　その業務を廃止したとき。

②　死亡したとき。

③　土地家屋調査士となる資格を有しないことが判明したとき。

④　第5条各号（第2号を除く。）の欠格事由のいずれかに該当するに至つたとき。

　そのため、土地家屋調査士がこれらに該当することとなったときは、その者又はその法定代理人若しくは相続人は、遅滞なく、当該土地家屋調査士が所属し、又は所属していた土地家屋調査士会を経由して、土地家屋調査士会連合会にその旨を届け出なければならないとされている（調査士法15条2項）。したがって、土地家屋調査士が死亡したときは、その相続人は、遅滞なく、その旨を日本土地家屋調査士会連合会に届け出なければならない。よって、本肢の記述は正しい。

**イ　誤り。**土地家屋調査士が次のいずれかに該当する場合には、土地家屋調査士会連合会は、その登録を取り消すことができる（調査士法16条1項各号）。

①　引き続き2年以上業務を行わないとき。

②　心身の故障により業務を行うことができないとき。

　したがって、土地家屋調査士が引き続き2年以上業務を行わないときは、日本土地家屋調査士会連合会は、その登録を取り消すことができる。よって、その登録を取り消さなければならないとする本肢の記述は誤りである。

**ウ　誤り。**土地家屋調査士法人の社員は、各自土地家屋調査士法人を代表する（調査士法35条の2第1項本文）。ただし、定款又は総社員の同意によって、社員のうち特に土地家屋調

査士法人を代表すべきものを定めることを妨げないとされている（同ただし書）。したがって、土地家屋調査士法人は、定款又は総社員の同意によって、社員のうち特に土地家屋調査士法人を代表すべきものを定めることができる。よって、定款の定めによらなければ定めることができないとする本肢の記述は誤りである。

**エ　正しい。** 土地家屋調査士が土地家屋調査士法又は同法に基づく命令に違反したときは、法務大臣は、当該土地家屋調査士に対し、次に掲げる処分をすることができる（調査士法42条各号）。

① 戒告

② ２年以内の業務の停止

③ 業務の禁止

また、土地家屋調査士法人が土地家屋調査士法又は同法に基づく命令に違反したときは、法務大臣は、当該土地家屋調査士法人に対し、次に掲げる処分をすることができる（調査士法43条１項各号）

① 戒告

② ２年以内の業務の全部又は一部の停止

③ 解散

法務大臣は、これらの規定により処分をしたときは、遅滞なく、その旨を官報をもつて公告しなければならないとされている（調査士法46条）。したがって、法務大臣は、土地家屋調査士又は土地家屋調査士法人について、戒告の処分をしたときには、遅滞なく、その旨を官報をもって公告しなければならない。よって、本肢の記述は正しい。

**オ　誤り。** エ肢の解説参照。法務大臣は、土地家屋調査士法人に対し、２年以内の業務の全部又は一部の停止の処分をすることができる（調査士法43条１項２号）。すなわち、法務大臣は、土地家屋調査士法人に対する懲戒処分として、当該法人の業務の一部に限った業務の停止を命ずることができる。よって、本肢の記述は誤りである。

**以上により、正しいものはア、エであるから、正解は１となる。**

正解 1

**第1欄**

| ア | 一筆 | イ | 測量 |
|---|---|---|---|
| ウ | F点 | エ | J点 |

**第2欄**

| | X座標（m） | Y座標（m） |
|---|---|---|
| B点 | 702.67 | 702.62 |
| H点 | 680.64 | 702.62 |

**第4欄**

登 記 申 請 書

| | |
|---|---|
| 登記の目的 | 土地地目変更、合筆登記 |
| 添付書類 | 登記識別情報　印鑑証明書　代理権限証書 |

令和5年10月16日　申請　A地方法務局

| | |
|---|---|
| 申　請　人 | A市B町二丁目2番地1　　　河野桂子 |
| 代　理　人 | （略） |
| 登録免許税 | 金1,000円 |

| 所　在 | A市B町二丁目 | | | |
|---|---|---|---|---|
| | ①地　番 | ②地　目 | ③地　積（㎡） | 登記原因及びその日付 |
| 土地の表示 | 1番1 | 雑種地 | 335 | |
| | | 宅地 | 335 \| 50 | ②③令和5年9月20日地目変更 |
| | 1番4 | 宅地 | 22 \| 09 | 1番1に合筆 |
| | 1番1 | 宅地 | 357 \| 59 | ③1番4を合筆 |
| | | | | |

**第5欄**

| ① | 表題部所有者 | ② | 所有権 |
|---|---|---|---|
| ③ | 異議 | ④ | 職権 |

第3欄

地積測量図

| 地番 | 1番2、1番4、1番5 |
|---|---|
| 土地の所在 | A市B町二丁目 |

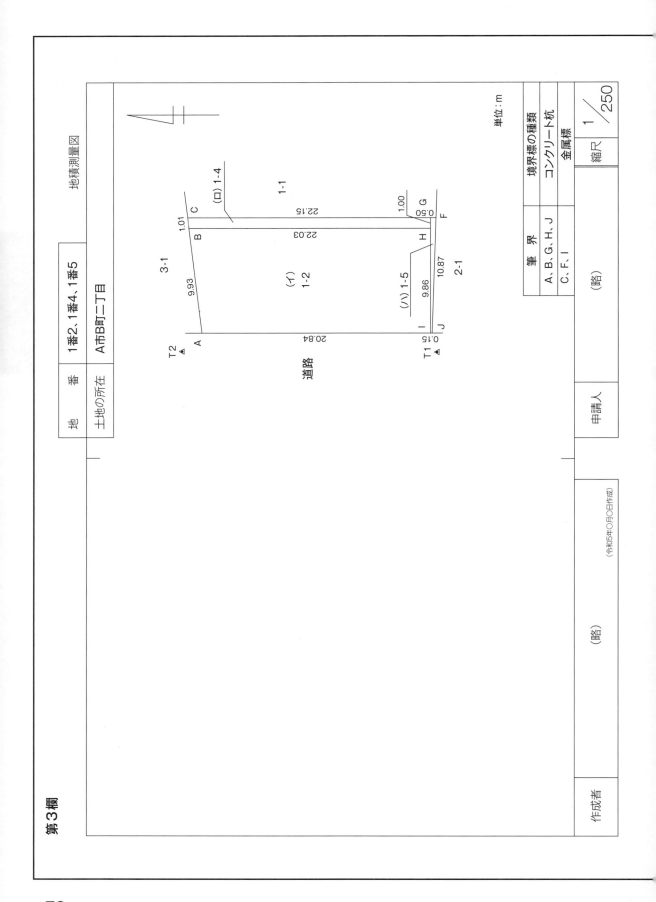

単位：m

| 境界標の種類 | コンクリート杭 |
|---|---|
| | 金属標 |

| 筆界 | A、B、G、H、J |
|---|---|
| | C、F、I |

| | 縮尺 | 1/250 |
|---|---|---|

| 申請人 | （略） |
|---|---|

| 作成者 | （略） |
|---|---|

（令和5年○月○日作成）

76

## 記述式 第21問　解　説

### 1 事件の概要

　本問は、一筆の土地の一部について所有権移転登記をするために必要となる表示に関する登記、地目が変更した土地について必要となる表示に関する登記、二筆の土地を一筆の土地とするために必要となる表示に関する登記の申請を、土地家屋調査士法務新太が依頼された事件である。

### 2 問1　土地家屋調査士法務新太が筆界点を判断するに当たって検討した事項

　（ア）・（イ）について：地積測量図とは、一筆の土地の地積に関する測量の結果を明らかにする図面であって、法務省令で定めるところにより作成されるものをいう（令2条3号）。したがって、（ア）には「一筆」、（イ）には「測量」が入る。

　（ウ）について：イ地点における筆界点の判断は、問題文に掲載されている甲土地から乙土地が分筆された際に提出された地積測量図に記録されている 1-2・1-3 東側の距離 22.65 m（11.64 m＋11.01 m）とC点からG点及びF点までの距離の比較によって行う。C点からG点及びF点の点間距離は、これら各点のy座標値が「703.62」と同一であるので、各点のx座標値の差により求めることができる。

　　CG＝702.79m（Cx）－680.64m（Gx）＝22.15m
　　CF＝702.79m（Cx）－680.14m（Fx）＝22.65m

　よって、イ地点における筆界点はF点と判断することになり、（ウ）には「F点」が入る。

　（エ）について：ロ地点における筆界点の判断は、問題文に掲載されている甲土地から乙土地が分筆された際に提出された地積測量図に記録されている 1-2・1-3 西側の距離 20.99 m（10.33 m＋10.66 m）とA点からI点及びJ点までの距離の比較によって行う。A点からI点及びJ点の点間距離は、これら各点のy座標値が「692.76」と同一であるので、各点のx座標値の差により求めることができる。

　AI＝701.48m（Ax）－680.64（Ix）＝20.84m
　　　AJ＝701.48m（Ax）－680.49（Jx）＝20.99m

　よって、ロ地点における筆界点はJ点と判断することになり、（エ）には「J点」が入る。

### 3 問2　B点及びH点の座標値の算出

**（1）B点の座標値の算出**

　B点の座標値はC点からの距離と方向角により求める。

本試験 解答・解説編

①Ｃ点からＡ点への方向角の算出

$$Ｃ点からＡ点の方向角 = \tan^{-1}\left(\frac{Ay-Cy}{Ax-Cx}\right) = \tan^{-1}\left(\frac{692.76-703.62}{701.48-702.79}\right)$$

$$= 83° 7' 18.71''$$

⊿x：－、⊿y：－であるから第3象限の角度にするため、180°を加算する。

$$83° 7' 18.71'' + 180° = 263° 7' 18.71''$$

②Ｃ点からＢ点への距離の算出

イ　∠ＢＣＫの算出

　Ｃ点とＧ点のＹ座標値が等しいので直線ＣＧはＸ軸に平行な直線である。よって、Ｂ点から直線ＣＧに下した垂線の足をＫ点としたときの△ＢＣＫは下図のような直角三角形になる。

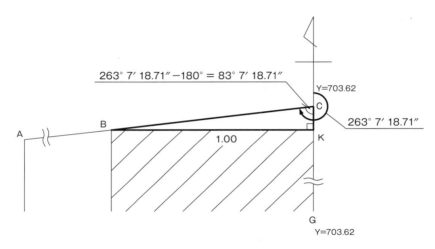

$$∠ＢＣＫ = 263° 7' 18.71'' - 180° = 83° 7' 18.71''$$

　また、ＢからＫの距離は、【土地家屋調査士法務新太による聴取結果の概要】6の記述から、1.00ｍであることがわかる。

ロ　Ｃ点からＢ点への距離の算出

　Ｃ点からＢ点への距離は三角関数で求める。

$$ＢＣ = \frac{1.00}{\sin 83° 7' 18.71''}$$

$$= 1.007249057$$

### ③B点の座標値の算出

$$B_x = C_x + 1.007249057 \times \cos 263° \, 7' \, 18.71''$$
$$= 702.79 + 1.007249057 \times \cos 263° \, 7' \, 18.71''$$
$$= 702.6693739 ≒ 702.67$$
$$B_y = C_y + 1.007249057 \times \sin 263° \, 7' \, 18.71''$$
$$= 703.62 + 1.007249057 \times \sin 263° \, 7' \, 18.71''$$
$$= 702.62$$

以上から、
$$B_x = 702.67、B_y = 702.62$$

### （2）Ｈ点の座標値の算出

　Ｈ点は、Ｇ点とⅠ点を結ぶ直線上にある。また、Ｂ点とＨ点を結ぶ直線は、Ｃ点とＧ点を結ぶ直線に平行で、その西側に1.00ｍ離れた直線である。ここでＧ点とⅠ点のＸ座標値がいずれも「680.64」なので直線ＧⅠはＹ軸に平行な直線である。そして直線ＣＧはＸ軸に平行な直線であるから、Ｈ点のＸ座標値はＧ点と及びⅠ点と等しく、Ｙ座標値はＧ点のＹ座標値から1.00ｍ減じた値（703.62 − 1.00 = 702.62）となる。

以上から、
$$H_x = 680.64、H_y = 702.62$$

## ４ 問３　令和５年８月10日に申請した乙土地に関する登記の申請書に添付する地積測量図

　令和５年８月10日に申請した乙土地に関する登記は、乙土地の一部を株式会社桜ストア及び花山光司にそれぞれ売却して所有権の移転登記をするために必要な登記、すなわち分筆登記である。なお、分筆の登記を申請する場合において、分筆前の地積と分筆後の地積の差が、分筆前の地積を基準にして規則第77条第5項の規定による地積測量図の誤差の限度を超えるときは、分筆登記の前提として、地積に関する更正の登記の申請をも要する（準72条1項参照）が、本問では【土地家屋調査士法務新太による調査及び測量の結果の概要】の2（3）イに「本件各土地の筆界は、登記所備付地積測量図のとおりであることが確認された。」とあり、また、地積測量図の誤差の限度を示した表も与えられていないので、地積更正登記の要否についての検討は要しない。

　よって、本問の登記の申請書に添付する地積測量図は、乙土地を株式会社桜ストアに売却する部分（Ｂ点、Ｃ点、Ｇ点、Ｈ点及びＢ点の各点を順次結んだ範囲の部分。）、花山光司に売却する部分（Ａ点、Ｂ点、Ｈ点、Ⅰ点及びＡ点の各点を順次直線で結んだ範囲。）、誰にも売却しない部分（Ｆ点、Ｇ点、Ｈ点、Ⅰ点、Ｊ点及びＦ点の各点を順次直線で結んだ範囲。）の3筆

に分筆するための地積測量図である。

　地積測量図には、次に掲げる事項を記録しなければならない（規77条1項）。

　　①地番区域の名称

　　②方位

　　③縮尺

　　④地番（隣接地の地番を含む。）

　　⑤地積及びその求積方法

　　　（イ）1－2

| 筆界 | X | Y | $X_{n+1} - X_{n-1}$ | $Y_n(X_{n+1} - X_{n-1})$ |
|---|---|---|---|---|
| A | 701.48 | 692.76 | 22.03 | 15261.5028 |
| B | 702.67 | 702.62 | − 20.84 | − 14642.6008 |
| H | 680.64 | 702.62 | − 22.03 | − 15478.7186 |
| I | 680.64 | 692.76 | 20.84 | 14437.1184 |
| | | | 倍面積 | − 422.6982 |
| | | | 面　積 | 211.3491 |
| | | | 地　積 | 211.34㎡ |

　　　（ロ）1－4

| 筆界 | X | Y | $X_{n+1} - X_{n-1}$ | $Y_n(X_{n+1} - X_{n-1})$ |
|---|---|---|---|---|
| B | 702.67 | 702.62 | 22.15 | 15563.0330 |
| C | 702.79 | 703.62 | − 22.03 | − 15500.7486 |
| G | 680.64 | 703.62 | − 22.15 | − 15585.1830 |
| H | 680.64 | 702.62 | 22.03 | 15478.7186 |
| | | | 倍面積 | − 44.1800 |
| | | | 面　積 | 22.0900 |
| | | | 地　積 | 22.09㎡ |

　　　（ハ）1－5

| 筆界 | X | Y | $X_{n+1} - X_{n-1}$ | $Y_n(X_{n+1} - X_{n-1})$ |
|---|---|---|---|---|
| F | 680.14 | 703.62 | 0.15 | 105.5430 |
| G | 680.64 | 703.62 | 0.50 | 351.8100 |
| H | 680.64 | 702.62 | 0.00 | 0.0000 |
| I | 680.64 | 692.76 | − 0.15 | − 103.9140 |
| J | 680.49 | 692.76 | − 0.50 | − 346.3800 |
| | | | 倍面積 | 7.0590 |
| | | | 面　積 | 3.5295 |
| | | | 地　積 | 3.52㎡ |

　　⑥筆界点間の距離

　　⑦国土調査法施行令第2条第1項第1号に規定する平面直角座標系の番号又は記号

⑧基本三角点等に基づく測量の成果による筆界点の座標値

⑨境界標（筆界点にある永続性のある石杭又は金属標その他これに類する標識をいう）があるときは当該境界標の表示

⑩測量の年月日

また、作成年月日を記載し、申請人が記名するとともに、作成者が署名し、又は記名押印しなければならない（規74条2項）。

ただし、本問では、問題文（注）5により、各筆界点の座標値、平面直角座標系の番号又は記号、地積及びその求積方法並びに測量年月日の記載は省略する。

## 5 問4　令和5年10月16日に申請した甲土地に関する登記の申請書

### （1）登記の目的

本問では【土地家屋調査士法務新太による聴取結果の概要】6②において甲土地及び斜線部分の土地を一筆の土地とするとされているので合筆登記を申請する。また、甲土地の地目が「雑種地」から「宅地」に変更となっているので地目変更登記も申請する。本問では問の指示に従い、登記の目的を「土地地目変更、合筆登記」として、一の申請情報によって申請する（規35条7号）。

### （2）添付書類

①登記識別情報（法22条、令8条2項1号）

②印鑑証明書（令18条2項）

③代理権限証書（令7条1項2号）

### （3）申請人

地目変更登記及び合筆登記の申請適格者は、いずれも表題部所有者又は所有権の登記名義人である（法37条1項、39条1項）。

### （4）登録免許税

所有権の登記のある不動産の合筆の登記を申請するときは、合筆後の不動産1個につき、1,000円の登録免許税を納付しなければならない（登免法別表第一・一・（十三）ロ）。したがって、本問の場合は1,000円の登録免許税を納付する。

### （5）土地の表示

①地目変更前の土地の表示

イ　所在（令3条7号イ）

ロ　地番（令3条7号ロ）

ハ　地目（令3条7号ハ）

ニ　地積（令３条７号ニ）


②地目変更後の土地の表示
　イ　変更後の地目及び地積（令別表５項申請情報欄、規 100 条）。
　ロ　登記原因及びその日付（令３条６号）


③合筆後土地の表示
　イ　合筆後の土地の所在する市、区、郡、町、村及び字並びに当該土地の地目及び地積
　　（令別表９項申請情報欄）。
　ロ　登記原因及びその日付（令３条６号）
　　合筆の経緯を示すために、解答例のように記載する（準 75 条参照）。

# ⑥ 問５　登記官の職権による登記に関する依頼人からの質問への回答

　分筆又は合筆の登記は、表題部所有者又は所有権の登記名義人以外の者は、申請することが
できない（法 39 条１項）。ただし、登記官は、法第 39 条第１項の申請がない場合であっても、
一筆の土地の一部が別の地目となり、又は地番区域（地番区域でない字を含む。法第 41 条第
２号において同じ。）を異にするに至ったときは、職権で、その土地の分筆の登記をしなけれ
ばならない（法 39 条２項）。また、登記官は、法第 39 条第１項の申請がない場合であっても、
法第 14 条第１項の地図を作成するため必要があると認めるときは、法第 39 条第１項に規定
する表題部所有者又は所有権の登記名義人の異議がないときに限り、職権で、分筆又は合筆の
登記をすることができる（法 39 条３項）。
　以上から、解答欄には解答例のように記載する。

**第1欄**

| ア | 合併 | イ | 構造上の独立性 |
|---|---|---|---|
| ウ | 合体 | エ | 権利 |
| オ | 接続 | | |

**第2欄**

登 記 申 請 書

| | |
|---|---|
| 登 記 の 目 的 | 区分建物表題部変更、合併登記 |
| 添 付 書 類 | 建物図面　各階平面図　登記識別情報　印鑑証明書　所有権証明書<br>代理権限証書 |

令和5年10月12日申請　A地方法務局

| | |
|---|---|
| 申 請 人 | A市B町一丁目3番地9　　　甲田栄一 |
| 代 理 人 | （略） |
| 登録免許税 | 金1,000円 |

| 一棟の建物の表示 | 所 在 | A市B町一丁目3番地9 | | |
|---|---|---|---|---|
| | | | | |
| | 建物の名称 | | | |
| | ①構　造 | ②床 面 積<br>㎡ | ㎡ | 原因及びその日付 |
| | 軽量鉄骨造<br>陸屋根2階建 | 1階　83:62<br>2階　73:99 | | |

| 土敷地権の目的である表示 | ①土地の符号 | ②所在及び地番 | | ③地目 | ④地積 | 原因及びその日付 |
|---|---|---|---|---|---|---|
| | | | | | | 記載不要 |

| | 家屋番号 | 建物の名称 | 主である建物又は附属建物 | ①種類 | ②構造 | ③床面積 ㎡ | | 原因及びその日付 |
|---|---|---|---|---|---|---|---|---|
| 区分した建物の表示 | B町一丁目3番9の1 | | | 居宅 | 軽量鉄骨造2階建 | 1階部分 4 61 2階部分 70 21 | | |
| | 所在 （省略）（省略） | | | 共同住宅 | 軽量鉄骨造スレートぶき2階建 | 1階 83 62 2階 88 57 | | ②③令和5年10月6日構造変更、増築3番9の2を合併 |
| | B町一丁目3番9の2 | | | 居宅 | 軽量鉄骨造1階建 | 1階部分 74 72 | | 3番9の1に合併 |
| 土敷地権の目的である表示 | ①土地の符号 | ②所在及び地番 | | ③地目 | ④地積 | | 原因及びその日付 |
| | | | | | | | 記載不要 |

第4欄

| ① | 規約を設定したことを証する情報 | ② | 敷地権 |
|---|---|---|---|
| ③ | 敷地利用権 | ④ | 分離 |
| ⑤ | 処分 | | |

第3欄

建 物 図 面

各 階 平 面 図

| 家屋番号 | |
|---|---|
| 建物の所在 | A市B町一丁目3番地9 |

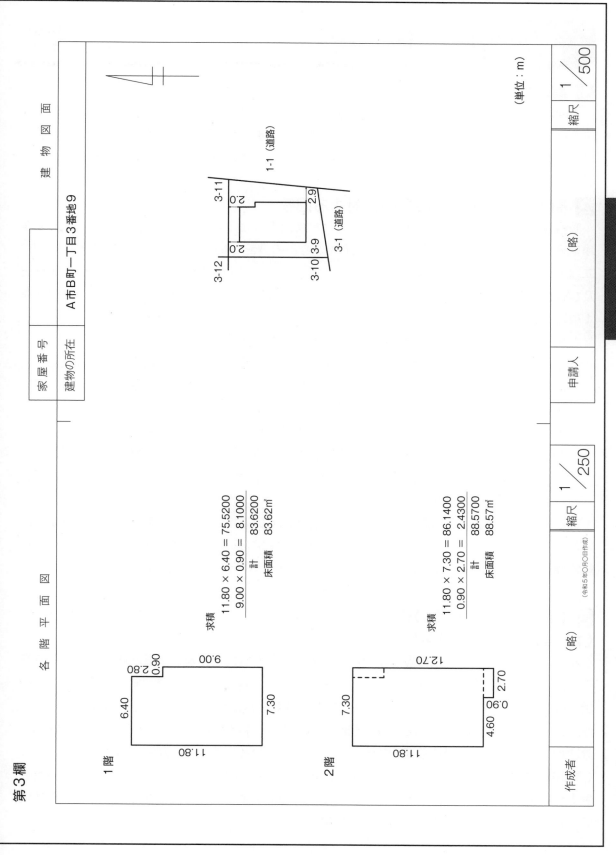

1階

求積
11.80 × 6.40 ＝ 75.5200
9.00 × 0.90 ＝ 8.1000
計　83.6200
床面積　83.62㎡

2階

求積
11.80 × 7.30 ＝ 86.1400
0.90 × 2.70 ＝ 2.4300
計　88.5700
床面積　88.57㎡

| 作成者 | （略） | 縮尺 | 1/250 | 申請人 | （略） | 縮尺 | 1/500 |
|---|---|---|---|---|---|---|---|

（令和5年○月○日作成）

（単位：m）

## 記述式 第22問　解　説

### 1 事件の概要

　本問は、接続する二個の区分建物を区分建物でない建物とする登記及び当該建物の構造及び床面積に変更が生じたことにより必要となる表示に関する登記の申請手続についての代理並びに当該登記に必要な調査及び測量を、土地家屋調査士法務太郎が依頼された事件である。

### 2 問1　依頼人からの質問に対する回答

　表題登記がある区分建物を登記記録上これと接続する他の区分建物である表題登記がある建物に合併して一個の建物とする登記を建物の合併の登記という（法54条1項3号）。一方、二以上の建物が合体して一個の建物となった場合は、合体後の建物についての建物の表題登記及び合体前の建物についての建物の表題部の登記の抹消を申請しなければならない（法49条1項）。

　なお、次に掲げる建物の合併の登記は、することができない（法56条）。

　　①共用部分である旨の登記又は団地共用部分である旨の登記がある建物の合併の登記

　　②表題部所有者又は所有権の登記名義人が相互に異なる建物の合併の登記

　　③表題部所有者又は所有権の登記名義人が相互に持分を異にする建物の合併の登記

　　④所有権の登記がない建物と所有権の登記がある建物との建物の合併の登記

　　⑤所有権等の登記以外の権利に関する登記がある建物（権利に関する登記であって、合併後の建物の登記記録に登記することができるものとして法務省令で定めるものがある建物を除く。）の建物の合併の登記

　ところで、建物が木製の扉で他の部分と区切られている場合は、構造上の独立性を有する建物として取り扱ってさしつかえない（昭41.12.7民甲3317号）とされている。以上から、解答欄には解答例のように記載する。

### 3 問2　登記申請書の作成
#### （1）登記の目的（令3条5号）

　建物の表示に関する登記の登記事項について変更があったときは、表題部所有者又は所有権の登記名義人は、当該変更があった日から一月以内に、当該登記事項に関する変更の登記を申請しなければならない（法51条1項）。また、依頼人は本件各区分建物を区分建物ではない建物とすることを希望している。表題登記がある区分建物を登記記録上これと接続する他の区分建物である表題登記がある建物に合併して一個の建物とする登記を建物の合併の登記という（法54条1項3号）。本問では一棟の建物に属する区分建物が全部で二個なので、これらを合併すれば区分建物でない建物となる。よって、問の指示より登記の目的を「区分建物表題部変更、合併登記」として一の申請情報により申請する。

## （2）添付書類

①建物図面、各階平面図（令別表 16 項添付情報欄イ）

②登記識別情報（法 22 条、令 8 条 2 項 3 号）

③印鑑証明書（令 18 条 2 項）

④所有権証明書（令別表 14 項添付情報欄ロ（2））

⑤代理権限証書（令 7 条 1 項 2 号）

## （3）申請人（令 3 条 1 号）

所有権の登記名義人である甲田栄一の住所と氏名を記載する。

## （4）登録免許税

所有権の登記のある不動産の合併の登記を申請するときは、合併後の不動産 1 個につき
1,000 円の登録免許税を納付する（登免法別表第一・一・（十三）ロ）。本問では、合併後の
不動産は 1 個であるから、その金額は 1,000 円である。

## （5）一棟の建物の表示

①所在（令 3 条 8 号イ）

②構造、床面積（令 3 条 8 号ヘ）

③敷地権の目的である土地の表示（平 21.2.20 民二 500 号）

本問の区分建物に敷地権の登記はないので、問の指示に従い「原因及びその日付」欄に「記
載不要」と記載する。

## （6）区分した建物の表示

### ①家屋番号（令 3 条 8 号ロ）

1 行目に合併前の区分建物の家屋番号を記載する。3 行目に合併される区分建物の家屋番
号を記載する。

### ②種類・構造・床面積（令 3 条 8 号ハ）

1 行目に変更前、2 行目に変更後、3 行目に合併される区分建物の種類・構造・床面積を
記載する。

一棟の建物内に独立の居住単位の区画があり、数世帯がそれぞれ独立して生活できる建物
は、「共同住宅」であるため（「建物認定 4 訂版」202 頁）、合併後の建物の種類は「共同住宅」
となる。

構造について、本件建物は陸屋根からスレートぶきの勾配屋根に吹き替えているので、「軽
量鉄骨造スレートぶき 2 階建」とする。

なお、本件リフォーム工事後の建物において、屋根裏部屋が増築されているが、屋根裏部
屋の取扱いについては、天井の高さ 1.5 メートル未満の地階及び屋階（特殊階）は、床面

積に算入しないとされているので（準82条1号本文）、当該部分は床面積に算入しない。

③登記原因及びその日付（令3条6号）

2行目に令和5年10月6日に構造及び床面積に変更が生じた旨と他の建物を合併した旨を解答例のように記載する。3行目に合併された旨を記載する。

## （7）敷地権の表示（令別表14項申請情報欄ロ（1）（2））

本問の区分建物に敷地権の登記はないので、問の指示に従い「原因及びその日付」欄に「記載不要」と記載する。

## ４ 問3　問2の登記の申請書に添付する建物図面及び各階平面図

### （1）建物図面

原則として、縮尺500分の1で作成し、方位、縮尺、敷地の地番及びその形状、隣接地の地番、附属建物があるときは主である建物と附属建物の別及び附属建物の符号、作成年月日を記載したうえ、申請人が記名するとともに、作成者が署名し、又は記名押印しなければならない（規74条2項、82条）。

敷地境界線から建物までの距離は、建物の外壁までの距離を記載する。なお、本問の場合は、注意書きの指示にしたがい、小数点以下第1位までを記載する。

### （2）各階平面図

原則として、縮尺250分の1で作成し、縮尺、各階の別、各階の平面の形状、1階の位置、各階ごとの建物の周囲の長さ、床面積及びその求積方法、附属建物があるときは主である建物又は附属建物の別及び附属建物の符号、作成年月日を記録したうえ、申請人が記名するとともに、作成者が署名し、又は記名押印しなければならない（規74条2項、83条）。

各階の床面積を明確にするため、各階ごとに建物の形状を実線で図示し、建物の周囲の長さを記載し、かつ1階以外の階層のものには1階の位置を点線で表示し、床面積とその求積方法を記載する（準53条1項）。

## ５ 問4　仮に本件区分建物の表題登記の申請の依頼を受けた場合の添付情報

建物の専有部分の全部を所有する者の敷地利用権が単独で有する所有権その他の権利である場合、区分所有者は、その有する専有部分とその専有部分に係る敷地利用権とを分離して処分することができない。ただし、規約に別段の定めがあるときは、この限りでない（区分法22条1項・3項）。

本問では依頼人が専有部分の全部を所有しており、敷地利用権が単独で有する所有権であるから、敷地権の登記をしない（＝区分建物とそれに係る敷地利用権の分離の処分を可とする。）ときは、その旨を定めた規約を添付情報としなくてはならない（令別表12項添付情報欄ホ）。以上から、解答欄には解答例のように記載する。

# 口述試験対策編

■Chapter1. 口述試験とは
■Chapter2. 服装の注意点
■Chapter3. 口述試験上の注意点
■Chapter4. 不動産登記法の注意項目
■Chapter5. 土地家屋調査士法の注意項目
■Chapter6. 口述試験問答例

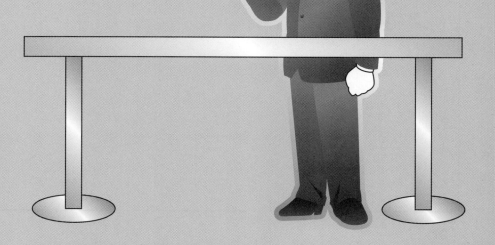

## Chapter ① 口述試験とは

口述試験は、筆記試験合格者が土地家屋調査士として業務をするのに必要な能力・見識・品位を備えているかを判定する「面接試験」です。従来、「口述試験は形式的なもので全員が必ず合格する」と言われていましたが、平成15年度の試験より、「不合格となり得る試験」と位置付けられ、口述試験で不合格となった場合、翌年に限って筆記試験を免除し、口述試験のみを受験できるようになりました。

このように、不合格となり得る試験である以上、その対策が必要になります。

試験範囲は筆記試験で問われた内容とされていますので、口述試験の学習にあたって特別な資料を用意する必要はありません。本書及び現在までの学習で使用してきた教材を活用し、基本事項を復習するようにしてください。

口述試験で出題される内容は、不動産登記法全般、筆界特定、土地家屋調査士法全般となります。このうち、土地家屋調査士法に関する内容は、出題の約半分を占めますので、しっかり復習するようにしましょう。


## Chapter ② 服装の注意点

服装については、法務省から特に指定がされているわけではありません。しかし、口述試験が受験者の人物性を確認する試験である以上、社会人として良識ある服装を心がけましょう。

以下、服装に関する注意点を列挙します。
・Tシャツやジーンズ等の軽装はやめましょう。
・男女ともスーツを着用しましょう。
・身だしなみを整えましょう。
・作業服での受験は控えましょう。

# Chapter ❸ 口述試験上の注意点

・・・・・・・・・・・・・・・・・・・・・・・・・・・・・・

## Scene 1 　集合

・遅刻は、理由のいかんを問わず不合格となりますので、絶対に集合時間に遅れないようにしてください。

・事前に試験会場の所在地と交通経路の確認をしておきましょう。

・試験会場へは、交通機関の遅れなどを考慮し、早めに出発するようにしましょう。

## Scene 2 　待機場所での振る舞い

　会場に到着すると受験者の待機場所が指示されます。指示された待機場所に入室してください。待機場所での注意点を列挙します。

・度を超した会話は控えるようにしてください。

・飲食はしないようにしてください。

・本書等を確認しながら静かに待機しましょう。

・トイレは待機時間中に済ませておきましょう。

## Scene 3 　待機場所から試験場所へ

　待機場所に入室し、時間になると試験官から試験の注意点や順序などについて説明があります。その後、決定された試験の順序にしたがって、職員の方による試験場所への案内がされます。試験場所の部屋の前まで来たら、ノックをし、試験官の誘導を受けてから入室するようにしましょう。

## Scene 4 　試験場所への入室

・入室の際は、姿勢を正して一礼しましょう。

・用意されている椅子には勝手に着席せず、試験官の指示を待ってから着席するようにしましょう。

・着席時の姿勢に注意してください（姿勢を正す。足を必要以上に広げたりしない。）。

## Scene 5 　口述試験開始

試験官は通常2名です。

　試験開始にあたっては、受験票の提示を求められることもありますので、受験票を取り出しやすいように準備しておくとよいでしょう。

**Scene 6　口述試験中①**

　試験中は、質問をしていない試験官が採点をしていますが、その様子は気にせず質問に集中するようにしてください。

**Scene 7　口述試験中②**

　試験官の質問に対する解答は、語尾を明瞭にするよう心掛けましょう。

**Scene 8　口述試験中③**

　試験官の質問の意図が明確に分からなかった場合には、そのまま解答するのではなく、再度質問してもらうようにしましょう。

**Scene 9　口述試験中④**

　土地家屋調査士法第1条及び第2条は、頻出テーマです。条文をそのまま解答できるよう、練習しておきましょう。

**Scene10　口述試験中⑤**

　「あなたが土地家屋調査士として最も注意すべき点とは何ですか。」や「あなたはどのような土地家屋調査士になりたいですか。」といった質問がされることがあります。このような質問に対する自分なりの解答を用意しておくとよいでしょう。

**Scene11　試験終了～退出**

　試験終了にあたっては、試験官に御礼を述べた上、一礼してから退出するようにしましょう。

※　以上の流れは、あくまで一例にすぎません。会場や試験官によって雰囲気は異なり、また、質問内容も異なりますが、社会人として品位ある立ち振る舞いを心掛ければ大きな失敗には至らないことを覚えておきましょう。

ここでは、不動産登記法の体系に従って、既に出題された論点及びその周辺知識について確認しておきます。

| 項　目 | 質　問 | 解　答 |
|---|---|---|
| 不動産登記制度 | 　表示に関する登記と権利に関する登記の相違点を挙げてください。 | 　次の点が挙げられます。<br>・表示に関する登記は単独申請ですが、権利に関する登記は原則として登記権利者と登記義務者の共同申請になります（法60条、令3条11号）。<br>・表示に関する登記は、登記官が、職権ですることができます（法28条）。<br>・表示に関する登記は、登記官による実地調査権がありますが、権利に関する登記については、登記官に実地調査権はありません（法29条1項）。 |
| | 　土地の一部を目的とした売買契約は有効ですか。また、この場合、表示に関する登記が必要となりますか。 | 　有効です（契約自由の原則により）。<br>　また、この場合、表示に関する登記が必要となります（所有権移転登記を行う前提として、土地の分筆の登記が必要）。 |
| 管轄 | 　主である建物と附属建物の管轄登記所が異なる場合の表題登記の申請は、どちらの登記所になすべきですか。 | 　主である建物を管轄する登記所に対して行います（準5条参照）。 |
| | 　A登記所の管轄区域内にある建物にB登記所の管轄区域内にある建物を附属建物として合併する登記の申請は、どちらの登記所になすべきですか。 | 　主である建物を管轄するA登記所に対して行います（準5条）。 |
| | 　管轄の異なる土地に建物をえい行移転した場合の登記の申請は、どちらの登記所になすべきですか。 | 　原則としては、新たな管轄登記所に申請をすることになりますが、旧登記所に申請を行ったとしても受理されます（準4条）。したがって、新旧どちらの登記所に対しても申請可能です。 |

| 項　目 | 質　問 | 解　答 |
|---|---|---|
| 申請義務 | 　不動産の表示に関する登記のうち、申請義務のある登記を挙げてください。 | 　いわゆる報告的登記について申請義務があります。<br>・土地・建物の表題登記（法36条、47条）<br>・土地・建物の表題部変更登記（法37条、51条）<br>・土地・建物の滅失登記（法42条、57条）<br>・建物の合体による登記等（法49条）　　等 |
|  | 　申請義務のない登記を挙げてください。 | 　主には、いわゆる創設的登記について申請義務がありません。<br>・土地の分筆、合筆登記（法39条）<br>・建物の分割、区分・合併登記（法54条）<br>・土地・建物の更正登記（法38条、53条）　等 |
|  | 　申請義務のある登記の申請を怠ったときは、どうなりますか。 | 　10万円以下の過料に処せられます（法164条）。 |
|  | 　申請義務のある登記と申請義務のない登記の違いについて述べてください。 | 　申請義務の有無は、報告的登記か創設的登記かによって大別されます。報告的登記は、不動産の物理的現況の変化を反映させる登記であるという性質上、不動産の現況を把握している所有者からの申請を義務付けることで登記制度の存立を担保しています。対して、創設的登記は、申請人である所有者の意思によってなされる登記であるという性質上、申請義務は課せられておりません。 |
| 登記記録、図面等 | 　建物の再築をした場合で、再築後の建物の形状、床面積等が再築前の建物と同一であるときには、前の登記記録を流用することはできますか。 | 　前の登記記録を流用することはできません。<br>　いったん建物を取り壊した上で新たに建物を建てたという事実がある以上、あくまで別の建物として扱いますので、再築前の建物については滅失登記、再築後の建物については表題登記が必要となります（準83条）。 |
|  | 　登記所に備えられている土地に関する図面には、どのようなものがありますか。 | 　地図（法14条1項）、地図に準ずる図面（法14条4項）、土地所在図、地積測量図（規73条）、地役権図面（規79条）があります。 |
|  | 　登記所に備えられている建物に関する図面には、どのようなものがありますか。 | 　建物図面、各階平面図（規73条）があります。 |

| 項　目 | 質　問 | 解　答 |
|---|---|---|
| 登記の対象と<br>なる不動産 | 　土地の表題登記が必要に<br>なる場合とは、具体的にど<br>のような現象が生じた場合<br>が考えられますか。 | 　公有水面埋立、海底隆起により新たに土地が生<br>じた場合、河川の改修工事で常時河川の流水下に<br>ある土地が流水下の土地でなくなった場合、未だ<br>登記されていない土地がある場合等が考えられま<br>す。 |
| | 　建造物が登記できる建物<br>となるための要件を挙げて<br>ください。 | 　不動産登記規則第111条では、「建物は、屋根<br>及び周壁又はこれらに類するものを有し、土地に<br>定着した建造物であって、その目的とする用途に<br>供し得る状態にあるものでなければならない。」<br>とされています。 |
| | 　ある建物の一部分を区分<br>建物と認定するには、どの<br>ような要件が必要となりま<br>すか。 | 　建物の区分所有等に関する法律第1条により、<br>「一棟の建物に構造上区分された数個の部分で独<br>立して住居、店舗、事務所又は倉庫その他建物と<br>しての用途に供することができるものがあるとき<br>は、その各部分は、それぞれ所有権の目的とする<br>ことができる。」とされています。 |
| 申請人 | 　Aは、自己が所有する土<br>地の上にBを請負人として<br>非区分建物を建築しました。<br>AがBから引渡しを受けた<br>後に表題登記をしないまま<br>第三者Cにその建物を売買<br>した場合には、表題登記は<br>誰が行いますか。 | 　Cが行います。なお、C登場以前の建物所有者<br>がA、Bのどちらになるかという点については、<br>次のとおりです。<br>・材料の全部又は主要部分を注文者Aが用意した<br>　場合…A<br>・材料の全部又は主要部分を請負人Bが用意した<br>　場合…B（なお、この場合でも契約により完成<br>　時より所有者をAと定めることは可能） |
| | 　合体前の各建物の所有者<br>等が異なる場合に、建物の<br>合体による登記等を所有者<br>の一人から申請することが<br>できますか。 | 　できます。合体による登記等は報告的登記であ<br>り、この登記の申請は共有物の保存行為に該当し<br>ます。したがって、共有者の一人から行うことが<br>可能です（民252条5項）。 |
| | 　区分建物の分譲業者（原始<br>取得者）から買受人にその<br>建物が売り渡された場合に、<br>建物の表題登記の申請人は<br>誰になりますか。 | 　一括申請義務（法48条1項、47条）の要請<br>から、原始取得者、つまり分譲業者になります（昭<br>58.11.10民三6400号第二・一・1）。 |

| 項　目 | 質　問 | 解　答 |
|---|---|---|
| | 登記を申請する本人から委任を受けた後、登記の申請前に本人が死亡した場合、代理人の権限は、消滅しますか。 | 消滅しません。<br>　登記申請の代理権は、登記申請手続の安定を図るため、本人の死亡により消滅しないものとされています（法17条1号）。 |
| 相続人からの申請 | 所有権の登記名義人が死亡した場合に、一部地目変更による分筆の登記は誰が申請しますか。 | 所有権の登記名義人の相続人から申請します（法30条）。 |
| | その場合に、相続人が複数人いるときは、そのうちの一人から申請することができますか。 | できます。一部地目変更による分筆の登記は、土地の一部について地目変更部分が実体的に生じたことに伴い、分筆登記が必要となるため、報告的登記として扱われています。ここから、当該登記申請は共有物の保存行為に該当し、共有者の一人から行うことが可能となります（民252条5項）。 |
| | 既に登記されている主である建物と附属建物の中間を増築して一棟の建物とした場合の登記の申請は、当該建物の所有権の登記名義人の相続人から、相続による移転登記をする前にすることができますか。また、その場合に、相続人が数人いるときは、そのうちの一人から申請することができますか。 | 相続による移転登記をする前に建物の所有権の登記名義人の相続人から申請することができます。また、その場合に、相続人が数人あるときは、そのうちの一人から申請することができます（建物の表題部変更の登記の性質は報告的登記であるため、共同相続人間の保存行為として相続人の一人から申請可能（民252条5項））。 |
| 共有不動産に関する登記の申請人 | 甲地はA、B共有の土地であり、持分はA3分の2、B3分の1であるとします。この場合において、甲地を分筆し、その一部を乙地とする分筆の登記は、Aが単独で申請することができますか。 | できます。土地の分筆登記は、共有物の軽微変更に該当するため、各共有者の持分の価格に従い、その過半数となる共有者が単独で申請することができます（令5.3.28民二533号）。 |

| 項　目 | 質　問 | 解　答 |
|---|---|---|
| 代位による申請 | 　Ａが所有する土地があります。この土地の一部をＢに売却した場合に、その土地の分筆の登記をＢが申請する方策はありますか。 | 　あります。<br>　民法第423条第1項の規定による債権者代位権により、Ｂが当該土地の分筆登記を申請することができます（Ａが申請をしない場合は、Ｂは購入した土地について所有権移転登記を受けることができないので、Ｂは自己の権利を保全するために、Ａに代位をすることで、申請を行うことができる。）。 |
|  | 　その場合の代位原因を答えてください。 | 　「年月日売買の所有権移転登記請求権」となります。 |
|  | 　甲地はＡ、Ｂ共有の土地です。Ａ、ＢとＣとの間で甲地の一部について売買契約が締結されたのですが、分筆の登記をする前にＡが死亡してしまいました。この場合に、Ａの相続人とＢが分筆の登記を申請しない場合、Ｃはどのような方策を採れますか。 | 　Ｃは、Ａの相続人とＢに代位をして分筆登記を申請する方策を採れます（民423条1項）。 |
|  | 　その場合の代位原因を答えてください。 | 　「年月日売買の所有権移転登記請求権」となります。 |
|  | 　ＡがＢ名義の土地の一部について取得時効が成立しました。この場合に、Ｂが分筆の登記を申請しないときＡはどうすればよいですか。 | 　取得時効成立部分についての所有権移転登記を求める訴えを提起し、勝訴後、その判決の正本を代位原因を証する情報として、Ｂに代位して分筆の登記を行います。 |
|  | 　区分建物の分譲業者（原始取得者）ＡからＢにその建物が売り渡され、Ａが表題登記を申請しない場合、Ｂはどうしたらよいでしょうか。 | 　ＢはＡに代位して表題登記の申請を行うことになります。 |

| 項　目 | 質　問 | 解　答 |
|---|---|---|
| 登記識別情報 | 登記識別情報とは、どのようなものですか。 | 登記識別情報は、「登記名義人が登記を申請する場合において、当該登記名義人自らが当該登記を申請していることを確認するために用いられる符号その他の情報であって、登記名義人を識別することができるもの」をいいます（法2条14号）。 |
| | 登記識別情報は、どのような場合に通知されますか。 | 所有権登記がある土地の合筆登記や所有権登記がある建物の合併登記などを申請し、当該登記が完了した場合に、所有権の登記名義人である申請人に対して通知されます（法21条）。 |
| | 表示に関する登記を申請する場合に、登記識別情報の提供が必要となるときとは、どのような場合ですか。 | ・所有権の登記がある土地の合筆の登記（令8条1項1号）<br>・所有権の登記がある建物の合併の登記（令8条1項3号）<br>・所有権の登記がある建物の合体による登記等（令8条1項2号） |
| | 登記識別情報の提供が必要とされる登記を申請する場合において、正当な事由があり登記識別情報を提供することができないときについて、どのような制度が設けられていますか。 | 登記官による事前通知（法23条1項）制度が設けられており、原則的に当該制度によることとなります。ただし、資格者代理人による本人確認情報の提供制度（法23条4項1号、規72条）又は、公証人による申請情報への認証制度（法23条4項2号）が設けられており、これらの制度を利用した場合には、登記官による事前通知が省略されることがあります。 |
| | 登記官による事前通知に対する申出期間は、どのように定められていますか。 | 通知を発送した日から2週間、ただし、登記名義人が外国に住所を有している場合は、4週間以内に申出をしなければなりません（規70条8項）。 |
| | 調査士が、資格者代理人による本人確認情報の提供制度を利用する場合、当該資格を証する情報としては、どのようなものがありますか。 | 電子申請の場合は、調査士会連合会が発行する電子証明書（法人の場合は、電子認証登記所が発行した電子証明書）、書面申請の場合は、調査士会連合会が発行する職印証明書（法人の場合は、登記所が発行した印鑑証明書）があります（準49条2項）。 |
| | では、調査士が申請人について本人確認をするときに提示を受ける書類としては、どのようなものがありますか。 | 運転免許証や個人番号カード、旅券、国民健康保険証や基礎年金番号通知書などが挙げられます（規72条2項各号）。 |

| 項　目 | 質　問 | 解　答 |
|---|---|---|
| 承諾証明情報 | 分筆後の土地の一部について抵当権者の消滅承諾証明情報が提供された場合、どのような手続がなされますか。 | 登記官により当該承諾に係る土地について当該権利が消滅した旨が登記されます（法40条）。 |
| | 仮差押えや仮処分の登記のある土地の分筆登記を申請するにあたり、消滅承諾証明情報を提供してこれらの登記を分筆後の土地に存続させないことはできますか。 | できません。<br>（これらの登記の抹消手続は裁判所から行うものであるから。） |
| 地役権設定範囲証明情報 | 地役権設定の範囲を申請情報として要求される場合は、どのような場合でしょうか。 | 地役権の登記がある承役地の分筆の登記又は合筆の登記を申請するときにおいて、地役権設定の範囲が分筆後又は合筆後の土地の一部である場合です（令別表8項・9項申請情報欄ロ）。 |
| | 表示に関する登記のうち、地役権設定範囲証明情報を提供しなければならない場合には、どのようなものがありますか。 | 承役地について地役権の登記がされている土地の分筆又は合筆の登記を申請するときにおいて、地役権設定の範囲が分筆後又は合筆後の土地の一部である場合です（令別表8項添付情報欄ロ・9項添付情報欄）。 |
| 所有権証明情報 | 土地に関する所有権証明情報について、具体的にはどのようなものがありますか。 | 新たに土地が生じた場合としては、公有水面埋立法第22条の規定に基づく竣功認可書、既に存在はしているが未登記となっていた土地については、官有地売払書や固定資産税納付証明書等が挙げられます（準71条1項）。 |
| | 建物に関する所有権証明情報について、具体的にはどのようなものがありますか。 | 建築基準法第6条の確認及び同法第7条の検査のあったことを証する情報、建築請負人又は敷地所有者の証明書情報、国有建物の払下げの契約に係る情報、固定資産税の納付証明に係る情報その他申請人の所有権の取得を証するに足る情報があります（準87条1項）。 |
| 印鑑証明書 | 表示に関する登記のうち、所有権の登記名義人の印鑑証明書を添付してその申請をしなければならない登記を挙げてください。 | 次の登記を書面申請する場合については、申請人たる所有者の印鑑証明書を添付する必要があります（令16条、規48条）。<br>・所有権の登記がある土地についての合筆の登記<br>・所有権の登記がある建物についての合併の登記<br>・所有権の登記がある建物の合体による登記等 |

| 項　目 | 質　問 | 解　答 |
|---|---|---|
| | 　これらの印鑑証明書については、期間の制限はありますか。 | 　作成後3か月以内のものでなければなりません（令16条3項）。 |
| 住所証明情報 | 　表示に関する登記のうち、住所証明情報を提供しなければならない登記を3つ挙げてください。 | 　土地及び建物の表題登記、建物の合体による登記等です（令別表4項・12項・13項添付情報欄ニ）。 |
| | 　住所証明情報の提供が要求される理由を答えてください。 | 　実在しない人物の名義で登記がなされるのを防止するためです。 |
| 相続証明情報 | 　相続証明情報に該当する書面には、具体的にどのようなものがありますか。 | 　戸籍の謄抄本や遺産分割協議書、遺言書、相続放棄申述受理証明書、特別受益証明書等があります。また、法定相続情報一覧図の写しも挙げられます。 |
| 代位原因証明情報 | 　債権者による表示に関する代位登記の申請が行われる場合、代位原因証明情報の提供は常に必要となりますか。 | 　常に必要となるわけではありません。<br>　例えば、当該申請不動産の登記記録上に既に抵当権者として記録された者が所有者に代位して登記の申請を行う場合のように、代位原因が登記記録上明らかである場合には、登記官が代位原因を登記記録で確認することができるため、代位原因証明情報を提供する必要はありません（昭35.9.30民甲2480号）。 |
| | 　代位原因証明情報の提供が省略される場合、申請情報の記録事項に変化はありますか。 | 　あります。<br>　申請情報に「代位原因を証する情報は年月日受付第何号をもって本物件に抵当権設定登記済につき提供省略」と記録をします（昭35.9.30民甲2480号）。 |
| 地図、地図に準ずる図面 | 　地図の記録事項を挙げてください。また、電磁的記録に記録する地図についてはどうでしょう。 | 　地番区域の名称、地図の番号、縮尺、平面直角座標系の番号又は記号、図郭線及びその座標値、各土地の区画及び地番、基本三角点等の位置、精度区分、隣接図郭との関係、作成年月日を記録します（規13条1項）。電磁的記録に記録する地図にあっては、前述の記録事項のほか、各筆界点の座標値を記録します（規13条2項）。 |

| 項　目 | 質　問 | 解　答 |
|---|---|---|
| | 　地図を作成するための測量の方法について答えてください（不動産登記法第14条地図はどのようにして作成されますか？）。 | 　地図を作成するための測量は、測量法第2章の規定による基本測量の成果である三角点及び電子基準点、国土調査法第19条第2項の規定により認証され、若しくは同条第5項の規定により指定された基準点又はこれらと同等以上の精度を有すると認められる基準点を基礎として行うものとされています（規10条3項）。 |
| | 　地図に準ずる図面が、地図として備え付けられることになる場合を挙げてください。 | 　図面の修正等により地図としての要件を満たすことになった場合、又はその図面について地図として備え付けることを適当としない特別の事情が消滅した場合が挙げられます（準13条2項）。 |
| | 　不動産登記法第14条地図として備え付けられる図面を挙げてください。 | 　登記所において作成されるもののほか、国土調査法の規定により送付された地籍図や土地改良事業又は土地区画整理事業において作成された土地所在図があります（規10条5項・6項）。 |
| | 　地図、地図に準ずる図面に表示された土地の区画又は地番に誤りがあるときにおいて、その訂正の申出をすることができるのは、誰かを挙げてください。 | 　当該土地の表題部所有者若しくは所有権の登記名義人又はこれらの相続人その他の一般承継人です（規16条1項）。 |
| 地積測量図 | 　地積測量図の提供が必要となる土地の表示に関する登記にはどのようなものがありますか。 | 　次の登記があります。<br>・土地表題登記（令別表4項添付情報欄ロ）<br>・土地地積変更登記（令別表6項添付情報欄）<br>・土地地積更正登記（令別表6項添付情報欄）<br>・土地分筆登記（令別表8項添付情報欄イ） |
| | 　地積測量図の記録事項を挙げてください。 | 　地番区域の名称、方位、縮尺、地番、隣接地の地番、地積及びその求積方法、筆界点間の距離、平面直角座標系の番号又は記号、基本三角点等に基づく測量の成果による筆界点の座標値、境界標の表示、測量の年月日となります（規77条1項各号）。 |

| 項　目 | 質　問 | 解　答 |
|---|---|---|
| | 地積測量図の作成にあたり、基本三角点等に基づく測量の成果による筆界点の座標値を必ず記録する必要がありますか。 | 必ず記録する必要はありません。<br>　近傍に基本三角点等が存しない場合その他の基本三角点等に基づく測量ができない特別の事情がある場合には、基本三角点等に基づく測量の成果による筆界点の座標値に代えて、近傍の恒久的な地物に基づく測量の成果による筆界点の座標値を記録することになります（規77条2項）。 |
| 土地所在図 | 土地所在図の提供が必要となる土地の表示に関する登記を挙げてください。また、この図面を提供させる趣旨について述べてください。 | 土地所在図の提供が必要となる土地の表示に関する登記は、土地表題登記です（令別表4項添付情報欄イ）。添付の趣旨は、土地表題登記実行にあたり、登記官が地図に区画線を引いたり地番を記入する際の資料とするためです。 |
| | 土地所在図の記録事項を挙げてください。 | 方位、縮尺、土地の形状、隣地の地番、作成年月日を記録しなければなりません（規76条1項、74条2項）。 |
| 建物所在図 | 建物所在図の記録事項を挙げてください。 | 地番区域の名称、建物所在図の番号、縮尺、各建物の位置及び家屋番号（区分建物については一棟の建物の位置）を記録します（規14条）。 |
| 建物図面 | 建物図面の記録事項を挙げてください。 | 方位、縮尺、敷地の地番及びその形状、隣接地の地番、主である建物又は附属建物の別、附属建物の符号、建物の位置及び形状を記録します（規82条1項・2項）。 |
| 各階平面図 | 各階平面図の記録事項を挙げてください。 | 縮尺、各階の別、各階の平面の形状、1階の位置、各階ごとの建物の周囲の長さ、床面積及びその求積方法、主である建物又は附属建物の別、附属建物の符号を記録します（規83条1項）。 |
| | 表題登記がなされた建物について附属建物を新築した場合の建物表題部変更登記について、各階平面図の記録として主である建物の記録は必要ですか。 | 必要ありません。<br>　各階平面図については附属建物の記録のみのもので差し支えないとされています（昭37.10.1民甲2802号）。 |
| | 区分建物の表題登記の申請の際に、一棟の建物全体の各階平面図を提供する必要はありますか。 | 必要ありません（昭39.8.7民甲2728号）。 |

| 項　目 | 質　問 | 解　答 |
|---|---|---|
| 登録免許税 | 　国又は地方公共団体と私人とが共有する所有権の登記のなされた土地の分筆登記の申請には、登録免許税は課されますか。 | 　課されます（昭44.10. 3民三938号）。 |
| | 　書面における登記申請の取下げを行った場合に、申請書に貼りつけられ、既に使用済の記載のなされた領収証書や収入印紙又は消印のある領収証書や収入印紙を、再度使用することはできますか。また、申請した登記が却下された場合にはどうですか。 | 　登記申請の取下げの場合には、既に使用済の記載のなされた領収証書や収入印紙又は消印のある領収証書や収入印紙を、再度使用することができます（規39条3項、登免法31条3項）。<br>　登記申請の却下の場合には、申請書が申請人に還付されないため、再度の使用はできません（規38条3項）。 |
| | 　この場合、使用期間の制限はありますか。 | 　取下げの日から1年以内に使用することが必要です（登免法31条3項）。 |
| 土地の表示に関する登記（各論） | | |
| 登記事項 | 　1番1のように、既に支号の付された地番を持つ土地を分筆した場合、分筆後の土地について、既存の支号に更に支号を付して地番を表現することはできますか。 | 　できません（準67条1項9号）。 |
| | 　ガスタンク又は石油タンクの敷地の地目を答えてください。 | 　宅地です（準69条10号）。 |
| | 　宅地に接続していないテニスコートの地目を答えてください。 | 　雑種地です（準69条9号）。 |
| | 　土地の登記記録の表題部の地積の記録について、1㎡未満の実測値を切り捨てるケースと切り捨てないケースについて説明してください。 | 　次のように区別することになります（規100条）。<br>・宅地と鉱泉地以外の土地で全体の地積が10㎡を超える場合…1㎡未満の実測値を切り捨て<br>・その他の場合…1㎡の100分の1未満の実測値を切り捨て |

| 項　　目 | 質　　問 | 解　　答 |
|---|---|---|
| | 　土地の表示に関する登記の申請情報の内容とした地積と、登記官の実地調査の結果による地積とが一致しない場合、登記の申請は常に却下されますか。 | 　いいえ、常に却下されるわけではありません。<br>　土地の表示に関する登記の申請情報の内容とした地積と登記官の実地調査の結果による地積との差が、申請情報の内容とした地積を基準にして不動産登記規則第77条第5項の規定による地積測量図の誤差の限度内であるときは、申請情報の内容とした地積を相当と認めて差し支えないとされています（準70条）。 |
| 土地表題登記 | 　土地表題登記に必要となる添付情報を挙げてください。 | 　土地所在図、地積測量図、所有権証明情報、住所証明情報があります（令別表4項添付情報欄）。<br>　また、土地家屋調査士等、本人以外の者が本人に代理して申請を行う場合には、代理権限証明情報の提供も必要となります（令7条1項2号）。 |
| 土地表題部変更・更正登記 | 　土地の所在中、行政区画又はその名称の部分に変更が生じた場合には、土地所有者は土地表題部変更登記を申請する必要はありますか。 | 　行政区画又はその名称の部分に変更が生じた場合には、当然に変更が登記記録に反映されたものとして扱われるため、土地所有者は土地表題部変更登記を申請する必要はありません（規92条）。 |
| | 　登記記録に記録されている土地の地積に錯誤があることを発見した場合には、発見の日から1か月以内に更正の登記を申請する必要がありますか。 | 　錯誤があった場合の更正登記について申請義務を定めた規定はありませんので、錯誤発見の日より1か月以内に更正登記をする必要はありません。 |
| 土地分筆登記 | 　共有状態の土地を分筆する場合に、その登記の申請は共有者の一人から単独で行うことはできますか。 | 　持分の過半数を有している所有者からであれば、単独で申請することができます（令5．3.28民二533号）。 |
| | 　根抵当権設定の仮登記がある土地について、分筆後の各土地にその権利が存続する場合に、土地の分筆の登記を申請するときには、登記官は共同担保目録を作成する必要はありますか。 | 　ありません。<br>　根抵当権については、仮登記の状態では共同担保の関係は未だ生じていないため、共同担保目録の作成は不要です（民398条の16、昭48.11.14民三8526号）。 |

| 項　目 | 質　問 | 解　答 |
|---|---|---|
| 土地合筆登記 | 　抵当権の登記のなされた土地は合筆することができないとされていますが、例外はありますか。 | 　合筆する土地の各々の抵当権の申請の受付年月日及び受付番号並びに登記原因及びその日付が同一である場合には、例外的に合筆登記をすることができます（規105条2号）。 |
| 土地分合筆登記 | 　所有権の登記のある土地の分合筆登記の申請の際に必要となる添付情報を挙げてください。 | 　地積測量図、登記識別情報、印鑑証明書（令別表8項添付情報欄、令8条1項1号、16条2項）があります。また、土地家屋調査士等、本人以外の者が本人に代理して申請を行う場合には、代理権限証明情報の提供も必要となります（令7条1項2号）。 |

非区分建物の表示に関する登記（各論）

| 項　目 | 質　問 | 解　答 |
|---|---|---|
| 登記事項 | 　登記事項の種類としての「病院」と「診療所」の違いを説明してください。 | 　20人以上の患者を入院させるための施設を有するものが「病院」であり、患者を入院させるための施設を有しないもの又は19人以下の患者を入院させるための施設を有するものが「診療所」です（「建物認定」218頁、219頁）。 |
| | 　建物の構造を構成する要素を挙げてください。 | 　建築物の主な部分を構成する材料、屋根の種類、階数の3つです（規114条）。 |
| | 　渡り廊下で結ばれた平家建の一棟の建物について、構造欄の階数の表示は、どのようになりますか。 | 　「渡廊下付き平家建」と表示をします（準81条1項3号エ）。 |
| | 　出窓部分が床面積に算入される要件を挙げてください。 | 　出窓の高さが1.5m以上あり、かつ、その下部が床面と同一の高さにあるものに限り、床面積に算入します（準82条11号）。 |
| 建物表題登記 | 　非区分建物の原始取得者が登記をしないまま建物を譲渡した場合に、譲受人が自ら申請人となって建物表題登記の申請を行うことはできますか。 | 　できます（法47条1項）。 |
| | 　この場合、譲受人の建物表題登記の1か月以内の申請義務は、いつから生じますか。 | 　譲受人と原始取得者間の売買契約の成立時等、譲受人が所有権を取得した日から生じます（法47条1項）。 |

| 項　目 | 質　問 | 解　答 |
|---|---|---|
|  | 　既登記の建物を解体した後、別地番の土地に解体後の材料を用いて同一の建物を築造した場合に申請すべき登記の内容を答えてください。 | 　建物滅失登記及び建物表題登記です（準85条1項）。 |
| 建物表題部変更・更正登記 | 　建物を隣地にえい行移転した場合には、どのような登記の申請が必要となりますか。 | 　建物表題部変更登記が必要となります（準85条2項）。 |
|  | 　その申請情報に記録すべき登記原因を答えてください。 | 　「年月日えい行移転」です。 |
| 建物分割・合併登記 | 　B建物をA建物の附属建物とする合併登記において、それぞれの建物は同一又は隣接する土地の上に建築されていることを要しますか。 | 　必ずしも同一又は隣接地上に各々の建物が建築されている必要はありません（準78条1項）。 |
|  | 　所有権の登記のある建物と所有権の登記のない建物を合併することはできますか。 | 　できません（法56条4号）。 |
| 建物区分登記 | 　建物の区分の登記において、物理的現況に変更を生じる場合はありますか。あるとするならば、その事例について説明をしてください。 | 　あります。<br>　区分後の各建物は構造上及び利用上の独立性を有する必要があるので、これらの要件を満たすために隔壁設置等の物理的現況の変更を生じることがあります。 |
| 建物の合体による登記等 | 　建物の合体の定義について説明してください。 | 　建物の合体とは、数個の建物が増築等の工事により構造上1個の建物となることをいいます。また、数個の区分建物が隔壁除去工事等によりその区分性を失って構造上1個の建物又は区分建物となることも合体に含まれます（平5.7.30民三5320号第六・1）。 |
|  | 　主である建物（A建物）とその附属建物（B建物）があります。A建物とB建物の間を増築して接続させ、物理的に1つの建物とした場合には、合体による登記等の申請が必要になりますか。 | 　主である建物とその附属建物を合体した場合には、合体による登記等ではなく建物表題部変更登記の申請が必要となります（準95条）。 |

| 項　目 | 質　問 | 解　答 |
|---|---|---|
| 建物滅失登記 | 建物の滅失登記が必要になる場合とは、どのような場合が考えられますか。 | 建物が物理的に滅失した場合です。 |
| | 土地賃借人の所有する建物が滅失した場合、賃貸人たる土地所有者は自らが申請人となって滅失の登記を申請することはできますか。 | できません。建物が滅失した場合には、当該建物の表題部所有者又は所有権登記名義人のみが申請適格を有します（法57条）。 |
| 区分建物の表示に関する登記（各論） | | |
| 登記事項 | 法定敷地と隣接していない土地でも、敷地権の目的である土地として登記することは可能ですか。 | 可能です（昭58.11.10民三6400号第一・一・2）。 |
| | 非区分建物の附属建物を有する区分建物の表題登記申請の際の申請情報中の附属建物の記録について、非区分建物の表題登記の申請の際の申請情報の附属建物の記録と異なる部分はありますか。異なる部分がある場合、具体的に答えてください。 | あります。<br>主である建物と同一の一棟の建物に属さない場合、附属建物の構造欄について構造の他、附属建物の所在についても記録をする必要があります（規別表三附属建物の表示欄）。 |
| 区分建物表題登記 | いわゆるマンション分譲業者を原始取得者とする区分建物を買い受けた者がいる場合、区分建物表題登記の申請は誰から行いますか。 | 原始取得者である分譲業者から行います（法47条、昭58.11.10民三6400号第二・一・1）。 |
| | それでは、敷地権のない区分建物であれば、当該区分建物の表題登記の申請を、買受人から行うことはできますか。 | できません（法47条）。区分建物の表題登記の申請である以上、敷地権の有無にかかわらず、原則として原始取得者からの申請が必要となります。 |
| | 「敷地権」の定義を答えてください。 | 敷地権とは、登記された所有権、地上権又は賃借権であって、建物又は附属建物と分離して処分することができないものをいいます（昭58.11.10民三6400号第一・三・1）。 |

| 項　目 | 質　問 | 解　答 |
|---|---|---|
| 区分建物表題部変更・更正登記 | 登記された敷地権を抹消する区分建物表題部変更登記が必要となる場合がありますが、具体的にはどのような場合が考えられますか。 | 次の場合が考えられます。<br>・規約敷地について定めた規約を廃止した場合<br>・既に敷地権として表題登記をした権利について分離処分可能規約を定めた場合<br>・敷地権として定めていた地上権又は賃借権が消滅した場合 |
| 区分建物分割・区分・合併登記 | 区分建物の分割の登記について説明をしてください。 | 区分建物の分割の登記とは、同一の登記記録に主である区分建物と附属建物とが登記されている場合に、その物理的形状に変更を加えることなく附属建物を別個独立の建物とし、登記記録を新たに開設する登記のことをいいます（法54条1項1号）。 |
|  | 区分建物の合併にはどのような態様がありますか。 | 区分建物の合併については次の3つの態様があります（法54条1項3号）。<br>・A建物を隣接するB建物に合併する場合<br>・B建物を隣接するA建物の附属建物に合併する場合<br>・主従の関係にあるA建物とB建物において、B建物をA建物の附属建物とする場合 |
| 共用部分である旨の登記 | 共用部分である旨の登記がなされた建物の登記事項に変更があった場合にする、表題部変更登記の申請は誰からしなければなりませんか。 | 実体上の所有者から申請しなければなりません（法58条5項）。 |
| 表題部所有者に関する登記（各論） |||
| 表題部所有者に関する登記 | 表題部所有者の持分を変更する登記は、することができますか。 | できません（法32条）。<br>　（表題部所有者の持分に変更があったときは、所有権の登記手続によって登記を行う必要がある。） |
|  | 所有権の登記がない土地について、所有者が婚姻により氏を変更した場合、登記原因として「婚姻」の記録を提供する必要はありますか。 | ありません。<br>　氏名に変更があった場合の登記原因は「氏名変更」となり、婚姻等の具体的な事由の提供は不要です。 |

| 項　目 | 質　問 | 解　答 |
|---|---|---|
| 筆界特定制度 | | |
| 筆界特定制度 | 筆界特定制度とはどのような制度であるかを簡潔に説明してください。 | 筆界の現地における位置が不明な場合において、所有者等の申請を受け、筆界特定登記官がその位置を特定する制度です（法123条2号）。 |
| | 法第123条に規定する「筆界」の定義を答えてください。 | 筆界とは、表題登記がある一筆の土地とこれに隣接する他の土地との間において、当該一筆の土地が登記された時にその境を構成するものとされた二以上の点及びこれらを結ぶ直線のことをいいます（法123条1号）。 |
| | 筆界特定の申請は、その内容が所有権境の特定を目的とするものであってもすることができますか。 | できません（法132条1項5号）。<br>（却下事由に該当する。） |
| | 筆界調査委員は、どのような目的で設置されるのでしょうか。また、具体的にどのような者が任命されますか。 | 筆界特定について必要な事実の調査を行い、筆界特定登記官に意見を提出させるために設置されます（法127条1項）。具体的には、土地家屋調査士や筆界特定訴訟の経験がある弁護士等が該当します（法127条2項）。 |
| | 筆界調査委員の任命権者を答えてください。 | 法務局又は地方法務局の長です（法127条2項）。 |
| | 筆界特定の事務は、どこが行いますか。 | 対象土地の所在地を管轄する法務局又は地方法務局です（法124条1項）。 |
| | 対象土地の抵当権者や賃借権者は、筆界特定の申請人となることができますか。 | 対象土地の抵当権者や賃借権者は、筆界特定の申請人となることができません。<br>（筆界特定の申請人となることができるのは、表題部所有者、所有権の登記名義人、表題登記がない土地にあっては所有者とそれらの者の相続人その他の一般承継人と規定されている（法131条1項、123条5号）。） |
| | 境界確定訴訟を提起する前には、筆界特定による手続を経なければなりませんか。 | 筆界特定による手続を前置する必要はありません（法147条参照）。 |

口述試験対策編

# Chapter ⑤  土地家屋調査士法の注意項目

・・・・・・・・・・・・・・・・・・・・・・・・・・・・・・・・・・・・・・・・・・・・・・・

　土地家屋調査士法の対策としては、解答にあたって条文や規則の理解が不可欠となります。そのため、ここでは既に出題された論点及びその周辺知識と、解答に必要となる条文・規則等を対照させる形式で検討をしていきます。なお、土地家屋調査士になったときの心構えについては、頻出の質問事項ですので、あらかじめ自分なりの解答を準備しておきましょう。

| 質　問 | 条文・規則 |
|---|---|
| 土地家屋調査士の使命について述べてください。 | 　土地家屋調査士は、不動産の表示に関する登記及び土地の筆界を明らかにする業務の専門家として、不動産に関する権利の明確化に寄与し、もって国民生活の安定と向上に資することを使命とします（調査士法1条）。 |
| 土地家屋調査士法第2条の職責を述べてください。 | 　土地家屋調査士は、常に品位を保持し、業務に関する法令及び実務に精通して、公正かつ誠実にその業務を行わなければなりません（調査士法2条）。 |
| 土地家屋調査士の業務で主なものを3つ答えてください。 | 1　不動産の表示に関する登記について必要な土地又は家屋に関する調査又は測量<br>2　不動産の表示に関する登記の申請手続又はこれに関する審査請求の手続についての代理<br>3　筆界特定の手続<br>（調査士法3条1項各号参照） |
| 貴方が土地家屋調査士となるために必要となる登録を行う団体はどこですか。 | 日本土地家屋調査士会連合会です（調査士法8条）。 |
| それでは、土地家屋調査士となるための具体的な登録手続はどのように行いますか。 | 　登録を受けようとする者は、その事務所を設けようとする地を管轄する法務局又は地方法務局の管轄区域内に設立された土地家屋調査士会を経由して、日本土地家屋調査士会連合会に登録申請書を提出しなければなりません（調査士法9条1項）。<br>　また、この登録の申請と同時に、申請を経由すべき調査士会に入会する手続をとらなければなりません（調査士法52条1項）。 |
| 土地家屋調査士業務を行う上で、業務の依頼を断ることはできますか。 | 　土地家屋調査士は、原則として正当な事由がある場合でなければ依頼を拒むことはできません（調査士法22条）。ただし、筆界特定の代理業務及び筆界特定に関する相談業務並びに民間紛争解決手続代理関係業務に関する依頼については、除かれます（調査士法22条かっこ書）。 |

| 質　問 | 条文・規則 |
|---|---|
| 　土地家屋調査士が土地家屋調査士法又はこの法律に基づく命令に違反したときは、法務大臣は、懲戒処分をすることができますが、その内容はどのようなものでしょうか。 | 　戒告、2年以内の業務の停止、業務の禁止があります（調査士法42条各号）。 |
| 　業務の禁止がなされた場合の効力について答えてください。 | 　業務の禁止の処分を受けた者は、その登録が取り消され、その処分の日から3年間は調査士となる資格を有しないことになります（調査士法15条1項4号、5条5号）。 |
| 　公共嘱託登記土地家屋調査士協会の設立の目的について述べてください。 | 　公共嘱託登記土地家屋調査士協会は、社員である土地家屋調査士及び土地家屋調査士法人がその専門的能力を結合して官庁、公署その他政令で定める公共の利益となる事業を行う者による不動産の表示に関する登記に必要な調査若しくは測量又はその登記の嘱託若しくは申請の適正かつ迅速な実施に寄与することを目的としています（調査士法63条1項柱書）。 |
| 　土地家屋調査士が虚偽の調査又は測量をした場合に科される罰則を答えてください。 | 　1年以下の懲役又は100万円以下の罰金に処すると規定されています（調査士法71条、23条）。 |
| 　調査士法人の社員は、調査士のみに限られますか。 | 　はい。調査士法人の社員は、調査士でなければならないとされています（調査士法28条1項）。 |
| 　調査士が調査士法人の社員となった時に、してはいけなくなるものをお答えください。 | 　調査士法人の社員は、自己若しくは第三者のためにその調査士法人の業務の範囲に属する業務を行い、又は他の調査士法人の社員となってはいけません（調査士法37条1項）。 |
| 　調査士法人が、主たる事務所と従たる事務所をおいた場合、それぞれの事務所の所在地を管轄する調査士会の会員である調査士を常駐させなければなりませんか。 | 　はい。調査士法人は、その事務所に、当該事務所の所在地を管轄する法務局又は地方法務局の管轄区域内に設立された調査士会の会員である社員を常駐させなければならないとされていますので、それぞれの事務所の所在地を管轄する調査士会の会員である調査士を常駐させなければなりません（調査士法36条）。 |
| 　土地家屋調査士は、自己の業務を他人に委託することができますか。 | 　いいえ、調査士は他人に自己の業務を取り扱わせてはなりません（調査士規22条）。 |

口述試験対策編

| 質　　問 | 条文・規則 |
|---|---|
| 　補助者を置いたとき、置かなくなったときの手続について述べてください。 | 　補助者を置いたときは、遅滞なく、その旨を所属の調査士会に届け出なければなりません。補助者を置かなくなったときも、同様です（調査士規23条2項）。 |
| 　土地家屋調査士が、正当な理由をもって業務の依頼を拒む場合、常に依頼者に対してその理由書を交付する必要はありますか。 | 　いいえ、依頼者の請求があるときは、その理由書を交付しなければなりません（調査士規25条1項）。 |

• • • • • • • • • • • • • • • • • • • • • • • • • • • • •

　以下に、過去に行われた実際の試験問題をベースにした口述試験の問答例を示しておきますので、受け答えの訓練に活用してください。

　慣れるまでは、模範解答を参照しながら受け答えをし、慣れてきたら模範解答を参照しないで、試験官の質問に答えてみましょう。

　繰り返し練習することにより、必ずスムーズな受け答えができるようになりますので、本試験日まで可能な限り数多く練習するようにしてください。

〔パターンA〕

**Q1：それでは、土地家屋調査士口述試験をはじめます。受験番号、生年月日、氏名をお願いします。**

A1：受験番号18番、生年月日は平成○○年○月○日、日建さとみです。

**Q2：では、先ず、建物に関する登記についての質問をします。新築した建物について、建物表題登記がされないまま所有者が変わってしまった場合には、誰に対して申請義務が課されますか？**

A2：その場合は、転得者に申請義務が課されます。

**Q3：その申請義務を怠った場合に、罰則はありますか？**

A3：10万円以下の過料に処せられます。

**Q4：申請義務者については、新築した建物が区分建物である場合も、同様ですか？**

A4：区分建物については、一括申請の要請から、原始取得者のみに申請義務が課されておりますので、転得者には申請義務は課されません。

口述試験対策編

**Q5：** ところで、「増築」という言葉がありますが、不動産登記上、増築とはどのようなことでしょうか？

Ａ５：既存の建物に対して、床面積を増加させることや、附属建物を新築するといったことが増築にあたります。

**Q6：次に、建物の分棟の登記と分割の登記との違いについてお答えください。**

Ａ６：建物の分棟の登記は、登記された１棟の建物の中間を取り壊し、２棟以上の建物が存在するに至った場合になすべき報告的登記であり、建物に物理的な変更が加わっていることが特徴です。それに対して、建物の分割の登記は、登記記録上１個の建物として登記されている数棟の建物を、所有者の意思によって、登記記録上数個の建物とするための創設的登記であり、建物に物理的な変更はありません。

**Q7：どちらの登記にも申請義務が課されますか？**

Ａ７：分割の登記は、創設的登記であることから、申請義務は課されておりません。

**Q8：建物の種類についてお伺いします。多数の者が分業形態で、物品の製造・加工等を行うための建物の種類は何でしょうか？**

Ａ８：工場です。

**Q9：では、建物の種類についてもう１問お伺いいたします。１棟の建物内部に独立した居住階があり、それぞれが独立して生活できる建物の種類は何ですか？**

Ａ９：共同住宅です。

**Q 10**：ここからは、土地に関する登記について質問します。不動産登記制度において、地積測量図は、どうして必要になるのでしょうか？

**A 10**：不動産登記令第2条第3号には、地積測量図は一筆の土地の地積に関する測量の結果を明らかにする図面と定義されています。そもそも、登記事項証明書や登記事項要約書は文字情報のみであるので、より明確な公示を達成するため、地積測量図が必要になるものと考えられます。また、筆界の調査においては有力な資料となる図面ですので、不動産登記制度において非常に重要な図面であるといえます。

**Q 11**：なるほど。では、その地積測量図に記載することとなる境界標とは、どのようなもののことをいうのでしょうか？

**A 11**：境界標とは、筆界点にある永続性のある石杭又は金属標その他これに類する標識をいい、コンクリート杭や金属鋲もこれにあたります。

**Q 12**：申請情報と併せて地積測量図を提供しなければならない登記を3つお答えください。

**A 12**：土地表題登記、土地地積更正登記、土地分筆登記が挙げられます。

**Q 13**：では、次に土地の地目についてお伺いいたします。地目はどのように認定しますか？

**A 13**：地目は、土地の現況及び利用目的に重点を置き、部分的にわずかな差異の存するときでも、土地全体としての状況を観察して認定します。また、必ず、法定されている23種類の地目の中から適切なものを認定しなければなりません。

**Q 14**：登記記録の地目と現況の地目が異なっている場合はどうしますか？

**A 14**：地目の不一致が原始的なものである場合には土地地目更正登記を申請し、地目の不一致が後発的なものである場合には土地地目変更登記を申請することになります。

 **Q 15：**農地について地目変更登記を申請する場合における注意点をお答えください。

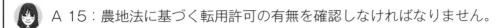 A 15：農地法に基づく転用許可の有無を確認しなければなりません。

**Q 16：**では、農地法に基づく転用許可が既に発出されている農地の宅地造成工事が完了している場合には、地目を宅地に変更する登記を申請することができますか？

A 16：宅地造成工事が完了しているだけでは、宅地と認定することができませんので、地目変更登記を申請することはできません。

**Q 17：**それでは、どのような状態であれば、宅地への地目変更登記を申請することができるのでしょうか？

A 17：その土地に建築する予定の建物の建築について建築基準法に基づく確認を受け、あるいは建物の建築を目的とした都市計画法の規定による都道府県知事の許可を受けているなど、近い将来宅地に供されることが確実であれば、宅地と認定することができますので、宅地への地目変更登記の申請をすることができます。

**Q 18：**ここからは、土地家屋調査士法についてお伺いしていきます。土地家屋調査士の使命について述べてください。

A 18：土地家屋調査士は、不動産の表示に関する登記及び土地の筆界を明らかにする業務の専門家として、不動産に関する権利の明確化に寄与し、もって国民生活の安定と向上に資することを使命としています。

**Q 19：**あなたが土地家屋調査士として業務を行う上での心構え、すなわち調査士としての職責を述べてください。

A 19：常に品位を保持し、業務に関する法令及び実務に精通して、公正かつ誠実にその業務を行ってまいります。

Q 20： 確かに、調査士の職責については法文上そのように規定されていますが、ここでいう「公正かつ誠実」というのは、具体的にどのようなことでしょうか？ 実際に、あなたならどのように業務を進めますか？

A 20： 業務上知り得た秘密を他に漏らしたりせず、正当な理由なく依頼を断ったりしないようにします。また、筆界の調査・測量・立会い業務においては虚偽の測量をしたりせず、公の資料等をしっかりと精査した上、客観的事実に基づく説明を、筆界の法的性質の観点から行うようにいたします。

Q 21： なるほど。ところで、補助者を置いたときの手続についてお答えください。

A 21： 遅滞なく、その旨を所属の調査士会に届け出なければなりません。

Q 22： では、調査士の補助者に対する責任について述べてください。

A 22： 補助者は、あくまでも調査士の業務の補助をさせるために置くことができるものであるところ、補助者の業務の取扱は、調査士の指示、監督、結果の確認等ができる範囲内で行わせなければなりません。また、雇用契約による補助者の過失についての担保責任や債務不履行責任については、すべて雇用主である調査士自身の過失と同様の責任を負うことになります。

Q 23： それでは、最後に調査士の欠格事由を３つお答えください。

A 23： はい。「破産手続開始の決定を受けて復権を得ない者」、「業務の禁止の処分を受け、その処分の日から３年を経過しない者」、「建築士法の規定により免許の取消しの処分を受け、その処分の日から３年を経過しない者」などが挙げられます。

## ～パターンA　参照条文等～

| 解答番号 | 参照条文等 |
|---|---|
| A 1 | － |
| A 2 | 不動産登記法第 47 条第 1 項 |
| A 3 | 不動産登記法第 164 条 |
| A 4 | 不動産登記法第 47 条第 2 項・第 48 条 |
| A 5 | 不動産登記法第 51 条第 1 項・第 44 条第 1 項第 3 号・第 5 号 |
| A 6 | 不動産登記法第 51 条第 1 項・第 54 条第 1 項第 1 号 |
| A 7 | 不動産登記法第 51 条第 1 項・第 54 条第 1 項第 1 号 |
| A 8 | 不動産登記規則第 113 条第 1 項、財団法人民事法務協会刊「建物認定 3 訂版」206 頁参照 |
| A 9 | 不動産登記規則第 113 条第 1 項、財団法人民事法務協会刊「建物認定 3 訂版」202 頁参照 |
| A 10 | 不動産登記令第 2 条第 3 号 |
| A 11 | 不動産登記規則第 77 条第 1 項第 9 号 |
| A 12 | 不動産登記令別表第 4 項添付情報欄ロ・第 6 項添付情報欄・第 8 項添付情報欄イ |
| A 13 | 不動産登記事務取扱手続準則第 68 条 |
| A 14 | 不動産登記法第 37 条・第 38 条 |
| A 15 | 財団法人民事法務協会刊「地目認定改訂版」269 頁～ 297 頁参照 |
| A 16 | 財団法人民事法務協会刊「地目認定改訂版」266 頁参照 |
| A 17 | 財団法人民事法務協会刊「地目認定改訂版」266 頁参照 |
| A 18 | 土地家屋調査士法第 1 条 |
| A 19 | 土地家屋調査士法第 2 条 |
| A 20 | 土地家屋調査士法第 24 条の 2・第 22 条・第 23 条 |
| A 21 | 土地家屋調査士法施行規則第 23 条第 2 項 |
| A 22 | 土地家屋調査士法施行規則第 23 条第 1 項 |
| A 23 | 土地家屋調査士法第 5 条 |

〔パターンB〕

 Q1：これから口述試験をはじめます。まず、お名前を教えてください。

 A1：日建次郎です。

 Q2：それでは、土地の表題登記についてお聞きします。土地表題登記を申請できる者はどのような人でしょうか？

 A2：その土地の実体上の所有者です。

 Q3：土地表題登記の添付情報にはどのようなものがあるでしょうか？

 A3：土地所在図、地積測量図、所有権を証する情報、住所を証する情報、代理権限を証する情報があります。

 Q4：では、申請人が法人である場合はいかがでしょうか？

 A4：そのほかに、会社法人等番号を有する法人にあっては、当該法人の会社法人等番号を、それ以外の法人にあっては、当該法人の代表者の資格を証する情報の提供が必要となります。

 Q5：海底隆起により土地が新たに生じた場合、その土地は誰のものになりますか？

 A5：その場合は国庫に土地の所有権が帰属することになります。

 Q6：地積測量図に関する質問です。地積測量図が添付情報として必要になる登記はどのようなものがありますか？

 A6：土地表題登記、土地分筆登記、土地地積更正登記又は土地地積変更登記があります。

 Q7：土地合筆登記を申請する場合には、地積測量図の提供は必要ありませんか？

 A7：必要ありません。

**Q8：地積測量図はどのような基準に基づいて作成しなければなりませんか？**

A8：基本三角点等に基づく測量の成果により作成しなければなりません。

**Q9：もし仮に、測量地の付近に基本三角点が存在していない場合はどうしますか？**

A9：近傍の恒久的な地物に基づく測量の成果により作成することができます。

**Q10：恒久的地物とは具体的にどのようなものですか？**

A10：鉄塔、橋梁等が該当します。

**Q11：では、なぜ基本三角点や恒久的地物に基づく測量の成果により地積測量図を作成しなければならないのでしょう？**

A11：地積測量図における現地特定能力を担保するためです。

**Q12：地積測量図はデータによって提供することができますか？**

A12：できます。

**Q13：それは、どこか条文に明記されていますか？**

A13：はい。明記されています。

**Q14：具体的にお願いします。**

A14：不動産登記令第10条に添付情報の提供方法についての規定が定められています。

**Q15：ここからは、「建物の増築」について質問します。建物を増築した場合の登記の種類はどのようなものになりますか？**

A15：建物表題部変更登記となります。

Q 16：その登記には申請義務が課せられていますか？

A 16：はい。課せられています。

Q 17：では、その申請義務には具体的な期限が定められていますか？　もし、定められている場合、その期限と起算点を教えてください。

A 17：増築工事の完了日から1月以内に申請しなければなりません。

Q 18：では、その登記を法人が申請人となって申請する場合の添付情報をお答えください。

A 18：建物図面、各階平面図、所有権を証する情報、代理権限を証する情報、当該法人の会社法人等番号又は当該法人の代表者の資格を証する情報となります。

Q 19：最後に土地家屋調査士法関係から質問します。土地家屋調査士法の基礎理念である第1条をお答えください。

A 19：土地家屋調査士は、不動産の表示に関する登記及び土地の筆界を明らかにする業務の専門家として、不動産に関する権利の明確化に寄与し、もって国民生活の安定と向上に資することを使命とすると定められています。

Q 20：土地家屋調査士法第2条において、土地家屋調査士の職責が定められています。その職責を述べてください。

A 20：調査士は、常に品位を保持し、業務に関する法令及び実務に精通して、公正かつ誠実にその業務を行わなければなりません。

Q 21：では、なぜそのような職責が課せられているのでしょうか？

A 21：土地家屋調査士は、不動産に関する国民の権利を保全する不動産登記制度の一翼を担う専門家として広く国民から信用されるべき者であり、特に、筆界調査においては高度な公平性を要求される者であることから、そのような職責が規定されているものと考えます。

**Q22：調査士が行うことができる業務を３つ挙げてください。**

 A22：不動産の表示に関する登記について必要な土地又は家屋に関する調査又は測量。不動産の表示に関する登記の申請手続又はこれに関する審査請求の手続についての代理。筆界特定の手続についての代理があります。

 **Q23：調査士が行ってはならない行為を３つ挙げてください。**

 A23：正当な理由なく、依頼を拒んではなりません。また、正当な理由なく、業務上取り扱った事件について知ることのできた秘密を他に漏らしてはなりません。最後に、調査士は、その業務に関して虚偽の調査又は測量をしてはなりません。

 **以上で、私からの質問は終わります。お疲れ様でした。**

## ～パターンB　参照条文等～

| 解答番号 | 参照条文等 |
|---|---|
| A1 | － |
| A2 | 不動産登記法第36条 |
| A3 | 不動産登記令別表第4項添付情報欄 |
| A4 | 不動産登記令第7条第1項第1号イ・ロ |
| A5 | 民法第239条第2項 |
| A6 | 不動産登記令別表第4項添付情報欄ロ・第6項添付情報欄・第8項添付情報欄イ |
| A7 | 不動産登記令別表第9項添付情報欄 |
| A8 | 不動産登記規則第77条第1項第8号 |
| A9 | 不動産登記規則第77条第2項 |
| A10 | 昭和52年9月3日民三第4474号依命通知、昭和52年12月7日民三第5941号依命通知 |
| A11 | 不動産登記規則第77条 |
| A12 | 不動産登記令第10条 |
| A13 | 不動産登記令第10条 |
| A14 | 不動産登記令第10条 |
| A15 | 不動産登記法第51条第1項 |
| A16 | 不動産登記法第51条第1項 |
| A17 | 不動産登記法第51条第1項 |
| A18 | 不動産登記令別表第14項添付情報欄、不動産登記令第7条第1項第1号イ・ロ、第18条第1項 |
| A19 | 土地家屋調査士法第1条 |
| A20 | 土地家屋調査士法第2条 |
| A21 | 土地家屋調査士法第2条 |
| A22 | 土地家屋調査士法第3条 |
| A23 | 土地家屋調査士法第22条・第24条の2・第23条 |

講師　齊木 公一（さい き こう いち）
日建学院土地家屋調査士講座総合プロデューサー。
自らの実務経験を活かした講義を行っている。

講師
土地家屋調査士業界歴約20年以上にわたる実務経験を活かした教材制作・講義・講座プロデュースを行っている。従来土地家屋調査士受験界に存在していなかった中級カテゴリを作り出すなど、新規講座の監修多数。

# 「自分は学者を目指しているのではなく、一日も早く土地家屋調査士試験に合格して、実務家として活躍するのだ。」という目標を持って取り組むこと！

## ■ 講座リニューアルについて、どの様にリニューアルされたのですか？

ここでは、大枠のみ申し上げます。テーマの1つは、「難しいことをやさしく」です。

ご存知のとおり、土地家屋調査士試験は法務省の実施する難関試験です。「難しいことを難しく」指導していたのでは、到底短期合格など望めません。

だれにでも、どのようなレベルの方でも理解できるよう、視覚と聴覚に訴えるビジュアルの強化で、さらに「やさしい」講義へとリニューアルしました。

そして、2つ目のテーマは、「実務の視点から」です。
土地家屋調査士試験で主に試されることとなる不動産登記法は、国家試験のために存在するものではなく、登記制度を適正に維持するために存在するものといえます。

さらに書式問題に至っては、まさに土地家屋調査士が実務の現場で作成する申請情報と添付図面の作成を求めるものとなっています。

ここから、登記行政の背景の理解なしに、法理論や書式スキルの定着はあり得ないと言っても過言ではないでしょう。常に実務の視点を持ちつつ、法理論の理解、書式スキルの定着を図れるように意識したリニューアルを行いました。

この2つのテーマは、土地家屋調査士の実務及び受験指導にあたっていた20年間に渡り、私があたためてきたものであり、今ここで、日建学院の映像講義により結実したものといえます。

その他にも、「N-Method」として、独自の試験攻略ノウハウを随所で紹介するなど、より効率良く学習していただけるよう、様々な工夫を凝らしてありますので、まずは一度、実際の講義を体験していただきたいと思います。

## ■ 齊木講師から受験生へメッセージをお願いします。

難関と呼ばれる資格試験を一度志すと、長くて暗いトンネルの中に足を踏み入れてしまったような感覚に襲われることがあります。恐れることは何もありません。

当学院の講座をご受講いただければ、私をはじめとする講師・スタッフが皆さんの足元を強烈な光で照らし、合格という名の出口へと最短でご案内します。

もちろん、合格という名の出口以外からも、そのトンネルから脱出することは可能です。

しかし、私は、合格という名の出口以外から脱出した空は曇っているようにしか思えないのです。

私は皆さんに曇った空を、絶対に、見せたくありません。
私と一緒に、資格試験という名のトンネルを最短で駆け抜け、雲一つない空を手に入れましょう！

---

## 体験講義のご案内

日建学院土地家屋調査士のホームページでは、映像講義体験版を配信しています。

「眺めているだけで理解できた」、「試験中に講義で見た映像が浮かんできた」、「とにかく記憶に残った」と受講された方からの評価も高い映像講義。ぜひ一度に日建学院の映像講義をご体験ください。

映像講義体験版は、
コチラから！

# \ 合格を手にした 日建学院 の受講生たちの声 /

## 4回受験の後
## 日建学院を受講して合格

　5回目での合格です。10年程前に他社通信教育で2年勉強し受験。平成年に勉強を再開して3回連続受験したものの合格できず、日建学院での受講を決めました。

仕事のある平日は3〜4時間、土曜は他の用事をこなしながら1〜2時間、日曜は6〜7時間と、年にすると1300時間は勉強したかもしれません。もともとは高卒で勉強嫌いでしたから成績は悪い方でしたが、王貞治氏が現役時代に言った「努力は結果が出なければ努力ではないのでは」という厳しい教えを思い出し、今度こそ悔やまないようにと自分を信じて学習に取り組みました。また、妻や子供たちの協力も大きな糧になったと思います。

今から考えると通信教育の学習では、どの位のスピードで解答を進めていけばいいか、また法改正など、実践内容が不足し過ぎていました。その点日建学院は、パンフレットやカリキュラムに記載されている通りに勉強すれば合格も夢ではないと感じましたし、実際受講内容は非常に優れていました。齊木先生のお言葉通りやれば、資格は取れます！

5回目で合格
土地家屋調査士合格
髙橋　彰眞さん

1級建築士から転職
土地家屋調査士合格
村岡　健一さん

## 理解することに力を注ぐ
## それが合格への近道

　1級建築士として仕事をする傍ら、土地家屋調査士を目指しました。表記に関する登記は調査士でなければできないことに魅力を感じ、定年に関係なく長く働いていけると思ったからです。ただ、目指したときは40歳を超えていたので最短合格を目指して、級建築士取得でもお世話になった日建学院へ相談に行きました。本気度の違いもありますが、初年度は暗記に頼った学習だったことやハプニングがあり不合年目はわずか2点足りず…結果、合格するのに3年を要しました。初年度の失敗を踏まえた上で勉強に本腰を入れてからは、とにかく理解度を深めることに力を入れました。齊木先生が言われたノルマを確実にこなし、一択・書式問わず暗記ではなく理解すること。理解するために、ぼんやりしたところは一度戻って学習する。遠回りに聞こえるかもしれませんが、これが合格への一番の近道だったと思います。現在は調査士事務所で働いておりますが、齊木先生の言葉は、実務を通しても実感できるものとなっています。

日建学院の映像講義には、精鋭講師によるポイントを押さえた解説はもちろん、ＣＧやアニメーション・実写映像などが効果的に盛り込まれています。最新の映像技術を駆使し、複雑で難易度の高い内容が理解しやすいようにさまざまな工夫が凝らされており、その学習効果は、科学的にも実証されています。
もちろん土地家屋調査士の学習においても、映像講義は効果的です。

# 土地家屋調査士受験用の講義に、日建学院の映像講義が適している④つの理由！

## 理由その① 調査士試験には、定規・電卓の操作説明が必要だから！

初学者が不安を覚える定規・電卓の操作。テキストや言葉だけでは説明しきれないニュアンスもＣＧで一発理解！

## 理由その② 法律の学習は、原則・例外・趣旨の整理が必要だから！

法律の学習についてまわる原則・例外・趣旨の無限ループ。重要論点になればなるほど、明確な整理が必要です。これらを色分けして表現することにより、明解な整理が可能となります。

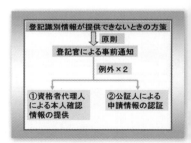

## 理由その③ 書式の学習は「事件の概要」の把握が必要だから！

書式の解答は、問題に設定されている事件の概要を瞬時かつ正確に把握することからはじまります。したがって、事件の概要を時系列に整理できるようになっていなければなりません。テキストのようにはじめから「結果」の全てが表示された状態での説明では、時系列的整理をしていくための能力が養われません。その点、ＣＧを利用している映像講義では、時系列に建物が建築されたり、移動したり、滅失されたりするので、時系列整理能力の養成が可能となっているのです。

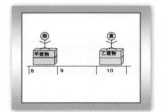
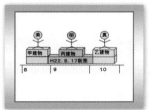

## 理由その④ 「座標計算」のためのビジュアル理解が必要だから！

大半の受験生が苦手とする「座標計算」。克服するには、コツがあるのです。座標計算のためには、狭い範囲の中に存在する複数の図形を明確にしたり、補助線を引いたりする必要があります。これらを言葉で説明していくことは容易なことではありません。しかし、ＣＧを用いることで、脳に直撃する講義が可能となりました。

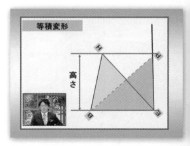

# 顧客満足度 **97**%!!

当学院の土地家屋調査士講座（本科コース、答練コース）を受講された受講生の修了アンケートです。

## ▍全体を通じての満足度は いかがでしたか？

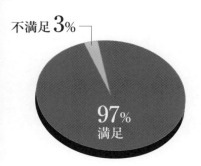

不満足 **3**%

**97**%
満足

> 試験に合格する為に必要な勉強量がわかりました。

> 学習時期に応じた問題が出たので、とても良かったです。

> 杳木先生で本当に良かったです。

> ・合格するための学習である。
> ・調査士実務家としての思考の研修場にもなる。

## ▍映像での講義は いかがでしたか？

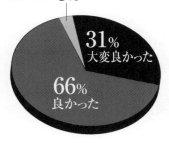

良くなかった **3**%

**31**%
大変良かった

**66**%
良かった

> 方向角への考え方が良くわからなかったが、映像により理解が深まった。

> Nメソッドが記憶に残りました！

> 実際の実務の流れでの例えは非常に良かった 解法のパターンまとめ◎

> 角度説が的確でわかりやすい。（講師が大変良いと思う）

| 良かった方は どこが良かった ですか。 (複数回答可) | | |
|---|---|---|
| 👑 1位 | 図解を用いた説明で記憶に残った | 44 名 |
| 👑 2位 | 自分で問題を解く際にもイメージが立てやすかった | 37 名 |
| 👑 3位 | 座標算出の手順や考え方が良く理解できた | 22 名 |

## ▍答案練習問題（答練講義）の 難易度はいかがでしたか？

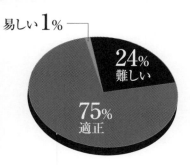

易しい **1**%

**24**%
難しい

**75**%
適正

> あるパターンでの解法を忘れた頃にほどよく散らして問題にされていたので、気づきが多かった。良いと思います

> 奇をてらったマニアックな問題でなく、論点を押えた内容で良い。

> 他の資格学校の答練講義も受けたが、日建さんが一番本試験内容を踏まえていて（用紙の色、解答枠の大きさ、論点も）いいと思います。

> 第1〜6回は過去問、第7〜12回は予想論点未出題の計算ツールと、段階を踏まえての良問だったので、大変良かったです。
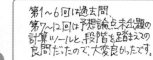

**【正誤等に関するお問合せについて】**

　本書の記載内容に万一、誤り等が疑われる箇所がございましたら、**郵送・FAX・メール等の書面**にて以下の連絡先までお問合せください。その際には、お問合せされる方のお名前・連絡先等を必ず明記してください。また、お問合せの受付け後、回答には時間を要しますので、あらかじめご了承いただきますよう、お願い申し上げます。

　なお、正誤等に関するお問合せ以外のご質問、受験指導および相談等はお受けできません。そのようなお問合せにはご回答いたしかねますので、あらかじめご了承ください。

**お電話によるお問合せは、お受けできません。**

**【郵送先】**〒171-0014　東京都豊島区池袋 2-38-1　日建学院ビル 3 階
　　　　　建築資料研究社 出版部
　　　　　「日建学院 土地家屋調査士 令和5年度 本試験問題と解説&口述試験対策集」
　　　　　正誤問合せ係

**[FAX]**
　03-3987-3256

**[メールアドレス]**
　seigo@mx1.ksknet.co.jp（必ず書名を明記してください）

**【本書の法改正・正誤等について】**

　本書の記載内容について発生しました法改正・正誤情報等は、下記ホームページ内でご覧いただけます。

　なおホームページへの掲載は、対象試験終了時ないし、本書の改訂版が発行されるまでとなりますので、あらかじめご了承ください。

https://www.kskpub.com ➡ 訂正・追録

＊装　　丁／齋藤　知恵子（sacco）
＊イラスト／株式会社アット
　　　　　　（イラスト工房　http://www.illust-factory.com）

**日建学院 土地家屋調査士
令和5年度 本試験問題と解説&口述試験対策集**

2024 年 1 月 20 日　初版発行
編　著　日建学院
監　修　齊木　公一
発行人　馬場　栄一
発行所　株式会社建築資料研究社
　　　　〒171-0014　東京都豊島区池袋 2-38-1
　　　　日建学院ビル 3 階
　　　　TEL：03-3986-3239
　　　　FAX：03-3987-3256
印刷所　株式会社ワコー